深澤諭史 著

弁護士の護身術

人的トラブルに巻き込まれないための心得

第一法規

はしがき

弁護士にとって必要なスキルといえば法律です。そのため、司法試験に通過するまでは、ひたすら法律の勉強を中心にします。

そして、司法試験を通過後は、今度は司法修習を受けることになります。ここでも法律の勉強はしますが、その他にも事実認定、そして実務のお約束などを学んでいきます。

ここまでの過程で、基本的な事件の対応方法について習得をするという建前になっています。

こうして晴れて実務の現場に巣立っていくわけですが、もちろん、その後も研鑽は欠かせません。事件分野別の技術は、また別に習得しないといけません。

もっとも、大変助かることに、弁護士業界では、実務書が大変充実しています。事件類型ごとに、関連する法律の解説、聞き取るべき事情、必要な証拠、とるべき法的手段や、その遂行方法など、豊富な書式付きで解説した良書がたくさんあります。これらは、その分野で屈指の優れた弁護士が惜しげもなく、貴重なノウハウを提供してくれるものです。

また、最近は、弁護士の激増、そして多様化に伴い、営業広告のテクニックや事務所経営についてのハウツー本も出版されるようになりました。

最近の傾向として、これまで言語化されることが少なかった知見、それもどちらかというと、法律問題から少し離れたものを解説することが流行しているようです。

本書も、その流行に乗ったものですが、解説するのは、営業や経営のテクニックではありません。本書は、弁護士として安全に、安心して仕事をするためのコツ、注意する点、数ある弁護士業務の落とし穴について解説するものです。

依頼者との付き合い方については、大先輩といえるような高名な弁護士が執筆したものもあります。一方で、私は、本書執筆当時でキャリア10年程度の中堅です（業界的には中堅「未満」でしょうか）。

それでも、あえて、弁護士の経験がモノをいう依頼者やメディア、そして第三者との関係、対応、懲戒請求対策について書こうと筆を執ったのは、弁護士業界の激動が理由です。

今や、勤務弁護士をほとんど経験しないで独立するなどで指導の機会をあまり得られないケースや、インターネットで広告を出して多数の依頼者を集める、弁護士自身もSNS等で発信する等の影響により、集まる依頼者も多種多様になりました。

これまでとは違い、弁護士だからといって信頼しない、弁護士の意見を尊重してくれない相談者に遭遇することもあります。

私は、独立当初からしばらくの間、ほとんど全ての仕事をインターネット広告で集めてきました。完全成功報酬制で取り扱うこともあり、中には、ウソをついて依頼をして、弁護士を第三者への嫌がらせの武器に利用しようとする人もいました。SNSで情報発信もしましたが、トラブルに巻き込まれるどころか、弁護士をトラブルに巻き込もうとしてくる人が少なからずいることにも気がつきました。これらは、大先輩方の時代には、なかった現象だと思います。

ちょうど私は、そういう変革期に独立をし、これまでになかった様々なトラブルを目にし、あるいは遭遇してきました。

自らがそういう問題に遭遇しているだけではなく、「この弁護士は、依頼者との関係がうまくいっていないのではないか」「この弁護士は、懲戒されかねないような文章を出してきた。依頼者の言いなりになってしまったのか、あるいは、これが仕事の上手いやり方と勘違いしているのか」と思うことも少なくありませんでした。特に、自分と期が近い、勤務弁護士の経験が乏しいことがうかがわれる弁護士に顕著な現象でした。

以上のような、いわば弁護士にとっての護身術のような知見は、まだ十分に言語化されていないのではないでしょうか。このあたりで、今までの知見を言語化してまとめることは、弁護士全員が、より安心・安全に仕事を続けるうえで有益ではないか、多少は弁護士業界に貢献できるのではないかと思い、筆を執った次第です。

令和５年８月

深澤 諭史（弁護士）

目次

弁護士の護身術

人的トラブルに巻き込まれないための心得

はしがき……………………………………………………………………………I

第1章 なぜ「護身」が必要か

1 弁護士とは何か？　そこから見えるリスク……………………………2
2 弁護士の敵は相手方だけではない…………………………………………6
3 実は紛争が好きな私たちの社会……………………………………………12
4「護身」は自分のためだけではない…………………………………………13
5「護身」ができれば、自分も依頼者も幸せになれる………………………15

第2章 依頼者からの「護身」

1 六法より難しい問題…………………………………………………………18
2「後ろから撃たれる」という話………………………………………………19
3 依頼者は敵ではないが敵にはなり得る原因………………………………22
4 依頼者からの「護身」は最終的には依頼者の利益になる…………………23
5 説明・報告・自分用メモを1つにまとめて「護身」する……………………25
COLUMN PDFファイル　29
6「放置される」ことに備える…………………………………………………32
7「放置された」ときの対応……………………………………………………36
8 相手方から放置されたとき等の動きが長期間ない場合の対応……………40
COLUMN 弁護士会の市民相談窓口と事件放置　44
9 依頼者が誤解しやすいポイントを契約書でカバーする……………………46
(1) 契約書は法律問題だけではない　46

(2) 具体的な記載内容について　46
(3) それぞれのねらい　48
(4) 記載方法の工夫　56

COLUMN 電子契約でも委任契約書か？　58

10 「しゃべりたい」依頼者に注意……62

(1) 実は相談内容に虚偽があり、それを信じてもらいたがるケース　63
(2) 自分の正しさに強い確信があるが、弁護士に同意してもらえなかったケース　64
(3) 自分は正しくないが、相手方に問題があるので、自分の意見がより優先されるべきであると考えているケース　65
(4) 他者の時間や労力に対する理解が不十分であるケース　66

11 依頼者になる前にこそ注意……68

(1) とにかく、見積りを聞き出したい、受任を急かすケース　70
(2) 自分が2人目以降の弁護士であったケース　72
(3) 事情を話したがらないケース、法律相談、問い合わせについて、質問と説明を自ら限定することにこだわるケース　74
(4) 相手方の悪性格に関する主張をしたがり、制裁や「懲らしめ」にこだわるケース　76
(5) 不利な事情を露骨に話したがらないケース　77
(6) 個人情報を隠したがる、ニックネームで問い合わせる等の、社会運動の一部としてのケース　80

COLUMN 相談者の気になる言葉　83

12 問い合わせと「護身」……86

(1) 自分が引き受ける意思のない依頼はすぐに断ろう　87
(2) 「すぐに話したい」人とすぐに話すのは慎重になろう　88

13 法律相談と「護身」……89

(1) まずは態度を見よう　90
(2) 関係のないことを話す依頼者の気分を損ねずに軌道修正する方法　91
(3) 希望を固定して限定することの大事さ　93
(4) 録音の問題　94
(5) 相談困難者の対応法　96

COLUMN 電話録音について　101

14 強い言葉は依頼者を失敗させ、弁護士を堕落させる……102

15 依頼者の親族、友達に注意……103
16 「時間」こそ依頼者との最強のコミュニケーションツール……108
COLUMN 受任につながらない問い合わせを回避することの当否 111

第3章 相手方からの「護身」

1 相手方からはもちろん警戒すべし……114
2 プレッシャーからの恫喝に注意……115
3 あなたの内容証明郵便、他人に見せられますか？……118
4 文書、電話、面会の順番で……123
5 相手方本人訴訟と「護身」……127
(1) 依頼者の盾となって守る役割 128
(2) 自分自身への攻撃を予期して構える 129
(3) 訴訟が円滑に進むように努力する義務 130
COLUMN インターネット上の法律デマ 133
6 相手方からの懲戒請求……135
(1) 懲戒請求をされにくくするには 136
(2) 懲戒請求を受けにくくするために 138
COLUMN 現行懲戒制度の問題と提言 140
7 弁護士依頼と本人訴訟におけるインターネット上の情報の影響の実情……144
COLUMN インターネット上の法律デマ～原因と対策～ 146

第4章 第三者・メディアからの「護身」

1 「護身」対象の広がり……154
2 弁護士は見られている……154
3 弁護士は恨まれている……155
4 弁護士は侮られている……157

5 SNSでは誰かの失敗が大人気……158
6「あなた」ではなくて「弁護士」が問題であるという話……160
7 SNSの危険テーマとその傾向……161
8 SNS等のインターネット上で攻撃を受けたとき……164
9 引き込もうとする人に注意……166
10 メディアからの「護身」:浮かれてはダメ……168
(1) 本当に取材か:取材商法に注意 169
(2) 宣伝広告効果を期待してはいけない 170
(3) 安易に断言をしてはいけない 171
(4) テーマによっては、恨みを買うこともある 173
(5) 番組制作会社等の無責任な振る舞いにも注意が必要 174
(6) 守秘義務に注意をする 175
(7) 安売り、無料配布を安易にしない、そして、スムーズに費用のかかることを伝える方法 177
(8) 非常識な振る舞いをいちいち気にしてはならない 178
COLUMN メディアで極論を言いたくなる誘惑 180
11 メディアからの「護身」:メディアを武器にするのは特に慎重に……183
COLUMN 依頼者の事件の前後には人生がある 186
COLUMN 法律事件とクラウドファンディング 188

あとがき……193

※判例の書誌事項の表示について

判例には、原則として判例情報データベース「D1-Law.com判例体系」（https://d1l-dh.d1-law.com/）の検索項目となる判例IDを〔　〕で記載した。

例：東京地決令和3年6月24日（令和3年（ヨ）22044号）公刊物未登載〔28300736〕

・本書内でSNS『Twitter』について言及する箇所があります。同SNSは2023年7月24日、『X』に名称変更されましたが、本書では、執筆時点での名称・用語で記載しております。

・上記をはじめ、本文中に記載されている商品名及びサービス名は、各社の登録商標、商標又は商品名です。なお、本文中ではこれらについて、TMなどのマークを省略しています。

・本書は2023年7月末日までに公表されている内容によっています。

第1章

なぜ「護身」が必要か

1　弁護士とは何か？　そこから見えるリスク

弁護士とはなんでしょうか。

漢字を見ると、「弁えて」「護る」「士（さむらい）」ということになりますが、その定義については弁護士法１条にあります。

> 弁護士法
>
> （弁護士の使命）
>
> 第１条１項　弁護士は、基本的人権を擁護し、社会正義を実現することを使命とする。

また、業務についても、同じく定めがあります。

> 弁護士法
>
> （弁護士の職務）
>
> 第３条１項　弁護士は、当事者その他関係人の依頼又は官公署の委嘱によつて、訴訟事件、非訟事件及び審査請求、再調査の請求、再審査請求等行政庁に対する不服申立事件に関する行為その他一般の法律事務を行うことを職務とする。

法律どおりに考えれば、弁護士は、法律事件について法律事務を取り扱う専門家であり、その使命は基本的人権の擁護と、社会正義の実現ということになります。

また、司法研修所の白表紙や、あるいは弁護士会の新人研修、倫理研修などでも学んだことがあると思いますが、法令に精通する義務、秘密を守る義務、品位を保持する義務など、各種の重たい義務が課せられています。

一方で、弁護士自治制度をはじめとする高度の独立性もまた保障されています。 弁護士たる者、自由かつ独立の立場を保持するべきであるという考えは、弁護士職務基本規程にも定められています。

> 弁護士職務基本規程
> （自由と独立）
> 第２条　弁護士は、職務の自由と独立を重んじる。
> （依頼者との関係における自由と独立）
> 第20条　弁護士は、事件の受任及び処理に当たり、自由かつ独立の立場を保持するように努める。

また、原則として（他人の）法律事務の取扱いは弁護士でなければできないという法律事務独占（弁護士法72条本文）というのも、弁護士の独立性の維持について重要なのはいうまでもないでしょう。

このように、弁護士になって10年程度の私が「弁護士とは何か」ということを論じること自体、おこがましいことかもしれません（私が本書の執筆に至った経緯については「はしがき」で書いてあります）。

ただ、こうやって弁護士ってなんだろうと思ってみると、他の職業とは違う特殊な所があるようで、あるいはなかなかこれといった定義を見いだすことは難しいと思います。これは、他の専門職においてもそうかもしれませんが、弁護士においては、近年飛躍的に人数が増え、活動するフィールドも増え、多様化も進んだという点が影響していると思います。

また、弁護士それぞれに、自分が思う弁護士像があってもよいと思いますし、ある意味、各自がもつべきだと思います。

もっとも、上記のような法律上の手当、権利義務の重さに鑑みると、一定の特殊性のある仕事であることについては、概ね、異論はないと思います。

さて、弁護士について、前述したような特別な制度的手当があるのは、その仕事の特殊性によるものです。

弁護士の資格や業務の特殊性を強調する意見に対して、もっと弁護士を親しみやすい仕事、存在にするべきであるとか、あるいは弁護士も資格の１つ、職業の１つに過ぎないといった意見があります。もちろん、私もそれに反対するつもりはありませんし、在野法曹として、弁護士はもっと身近な存在になるべきだし、そのためにも種々の法整備をするべきだと思っています（本書のテーマから外れますので、この点については詳しくは述べませんが）。

ただ、弁護士に依頼するということは、特に、企業ではない一般市民にとっては一生に一度あるかどうかという大事件です。

今後、国民の権利意識が高まるにしたがって、誰もが弁護士を盛んに利用するようになっていくかもしれません。ですが、少なくとも今までの私たちの社会では、弁護士に依頼するというのは、市民にとって非日常であるということがいえます。

さて、弁護士に依頼することが非日常といいましたが、私たち弁護士にとって、依頼対応は日常業務です。

私たちは、日常的に非日常、つまり特別な環境で仕事をするわけです。

ところで、通常ではない環境、通常ではない状況で仕事をする職業はたくさんあります。

例えば水場で仕事をするのであれば、救命胴衣の着用等が必要でしょう。

あるいは汚染された物を扱うのであれば、それなりの防護服も必要になるかもしれません。

そしてコロナ禍が続く日々において、対応に当たる医療現場では感染対策に非常に注意を払っています。

特別な状況に身を置く職業は、その特別な状況の危険性を意識し、理解し、そして、その危険性を防御するものです。

そして、このことは弁護士でもなんら変わることではありません。

弁護士に迫る危険とその予防というと、相手方に暴力を振るわれるなど、物理的な攻撃と、その防御（防犯）が真っ先に思い浮かぶと思います。もちろん、これらは典型ですが、近時、弁護士に迫る危険はそれだけではありません。

暴力のような強い加害を一方的にされるのではなくて、例えば依頼者から非常にたくさんの苦情が来るとか、相手方や第三者から嫌がらせを受けるといったケースが最近増えています。

これまで、弁護士が物理的に加害を受けるとか、そういう重大なケースにおいて、弁護士が身を守る方法や道具などについては、さまざまに語られてきました。弁護士向けの雑誌や書籍に、特集を組まれることもあります。

一方で、それに至らないような状況、一種の依頼者との緊張関係であるとか、ギクシャクしてしまった、あるいは、1つ1つは大したことではなくても、大量の加害行為が自分に集中して苦しむといったケースについてはどうでしょうか。これらのケースについては、今まで十分に防止策や、発生のメカニズムなどが取り上げられてこなかったのではないでしょうか。

最近は、大量に懲戒請求を受けたとか、あるいはインターネット上で誹謗中傷の被害に遭ったとか、そういった事件が数多く報道されて、社会の耳目を集めています。

ほとんどの場合、こういった事件の被害者に責任はありません。加害者が一方的に悪いのですが、被害者が悪くないからこそ、何が原因であったのか、どのようなきっかけがあったのか、そういうリスクはどこから生じるのか、という点についての分析が、まだまだ進んでいないように見受けられます。

責任の問題と原因の問題は別にあります。戸締まりをしない家が空き巣に遭ったとしても、空き巣が悪く、住人は悪くありませんが、原因は住人が戸締まりをしなかったことにあります。責任問題とは別に、原因についてはよく考えるべきです。

本書は、弁護士自身に落ち度がなくても、相手方、依頼者、そして第三者から害意を向けられて被害に遭うかもしれない、特に弁護士は第三者からすら害意を向けられがちであり、そういうケースはなぜ起こるのか、どう回避すべきか、「弁護士というもの」の特殊性とリスクを踏まえて解説します。

弁護士が、自分自身の身を守り、ひいては円滑に業務をすることによって、自分だけではなくて、自分の家族や依頼者を守る方法について解説したいと思います。

2　弁護士の敵は相手方だけではない

弁護士の敵というと、常識的な感覚からは、すぐに相手方が浮かびます。

相手方は自分の依頼者の敵であって、自分は依頼者の味方なので、相手方からみれば、その弁護士も敵であるということです。

これについては、誰でもイメージは持ちやすいと思います。

もっとも、敵だといっても、弁護士からすれば、相手方はとにかく戦わなければいけない相手であると決まっているわけではありません。

相当数の事件が和解で終了するように、交渉で解決する事件は多数あります。

紛争の相手方は敵ではありますが、ある意味で弁護士にとっては、一緒に最善の改善を探るパートナーとしての性質も同時にもっているということができます。

もちろん、馴れ合いや迎合はするべきではないですが、そのような微妙な関係性があるということです。

さて、相手方は基本的に敵である、という点までは弁護士でなくても、誰であっても簡単にイメージがつくことだと思います。

では、一方で依頼者はどうでしょうか。依頼者は弁護士に報酬を支払って、弁護士は、その依頼者の正当な権利利益を実現するために働くことが仕事です。

ですから、弁護士からすれば依頼者は当然味方であるということになります。

しかしながら話はそう簡単ではありません。

これは、弁護士、つまりこの本を手にとっている方々の大部分にとっては常識かもしれませんが、次のようなことは、珍しくありません。

依頼者からすれば、弁護士に頼めば程度の差こそあれ、自分が正しい、自分の希望がある程度通るだろう、と思っています。

また、手段についても、自分がお金を払って依頼しているのだから、弁護士は自分の思いどおりに動いてくれるだろうと期待しています。

一方で、紛争、特に訴訟まで発展するものであれば、依頼者は自分が正しいという、ゆずれない確信を持っています。絶対に正しいのだから絶対に勝つはず、勝たなければおかしい、とまで思っていても不思議ではありません。

弁護士の体は１つしかないわけですし、時間・実力・能力的にもできることというのは限られています。

また、どんな紛争もそうですが、片方が一方的に100%間違っているということはなかなかないことです。

そうなってきますと依頼者としては自分が100%正しいと思っているにもかかわらず、なかなかその意見が通らない、ということになります。

そういう現実に依頼者が直面すると、それは自分が頼んだ弁護士がきちんと仕事してくれないからだという考えに行き着いてしまうことはよくあります。

こうなると非常に大変で、弁護士が信用できないので必要以上の報告を頻繁に求める、仮定に仮定を重ねた質問を繰り返す、専門的判断を要する点について、自分の判断どおりの特定の手段を使ってほしい等と要求されます。

これについては別に依頼者のわがままというだけではありません。

まず、依頼者は、少なくないお金を払って、弁護士というプロに頼んでいます。そして、その依頼先の弁護士はもちろん自分の味方です。加えて、トラブルに巻き込まれるというのはなかなかないことですので、それにより感情的になっているという事情もあります。

こういう難しい感情を、どう頑張っても本人に成り代わることができない弁護士が、受け止めきれないということもあると考えると、これは当然のことかもしれません。

ただ、依頼者に対しても警戒しなければならないという心得は、なかなか実務についてみないとわからないことです。

よく弁護士の仲間内では、依頼者から攻撃を受ける、裏切られることを、「後ろから撃たれた」などと言ったりします。

相手方との訴訟や交渉ならいろいろと手段は考えられる、つまり前からとんでくる弾はある程度想定できるためどうにかできます。ですが、自分の依頼者が冷静さを失い、弁護士を攻撃し始めると、そういうわけにはいきません。依頼者だからこそ信頼して話したこと、預けた物を悪用される等は、防ぎようがありません。防ごうと思ったら、依頼者を信頼しないで仕事をすることになりますが、それでは仕事になりません。

おそらくは依頼者とのトラブルが原因で、珍しい理由で懲戒処分となったケースがあります。それは、ある弁護士が自分の依頼者に対して誤って別事件の秘密情報を渡してしまったという事件です。その原因は、資料を渡すときに、別事件での資料を「裏紙」として使ってしまい、その裏紙には別事件の秘密が印刷されていた、というものです。

これに対してその依頼者が弁護士に対して懲戒請求をしたところ、戒告の懲戒処分がなされました。

興味深いのは、懲戒請求をしたのが自分の依頼者であり、かつ、その事件の被害者は依頼者ではない別事件の第三者である（！）ということです。

もちろん、ミスをした弁護士にこそ落ち度あります。

落ち度はあるのですが、漏洩した相手は第三者でもなければ敵でもなくて、自分の依頼者でした。

そして自分の依頼者はこの漏洩でなんらの損害を受けたわけではありません。損害を受けたわけでもないのに、それは秘密漏洩であるということで懲戒請求をした、ということです。

通常、依頼者からすれば、弁護士にお金を払って事件を依頼しているわけですから、自分が被害を受けていないのに、このような懲戒請求をする意味はありません。むしろ、弁護士との関係が悪くなり、その弁護士がそれにより時間をとられることで、自分にとってはかえって不利益です。

どうしてそういうことになったのか、正確な事情はわかりません。ですが、この依頼者が「間違った資料ですよ」といって弁護士に返却していれば、懲戒事件にはならなかったはずです。

また、これも想像の話ですが、弁護士としても、依頼者に渡す資料であるからということで、油断があったのかもしれません。相手方に送付する資料や通知書に「裏紙」を使うことはまずないでしょう。渡す先が依頼者だからこそ発生してしまったミスであるといえます。

この事件は、おそらくは、なんらかの事情によって依頼者からの信用を失い、弁護士と依頼者との関係が悪化したため、こういう結果になったのだと思います。

さて、前述したように、弁護士は、依頼者を信頼しないで仕事をすることはできません。

そして、依頼者を信頼して仕事をするということは、背中を見せる、つまりは、攻撃の可能性、容易性を引き上げることでもあります。弁護士にとって依頼者が敵にならないように防ぐことは非常に重要です。本書では、その方法なども実体験に基づいて話をしていきたいと思っています。

そして、最近増えており、かつ意外と思われることが、第三者が敵になるということです。

弁護士からすれば、あるいは社会的な常識からすれば、弁護士の相手方が弁護士にとっての敵であるということは簡単に理解できることです。

また、前述したように、依頼者が敵になるということも、多大な期待をよせ、あるいは安くない報酬を支払っていることからすれば、理解できないことではありません。

しかし、厄介でかつ理解が難しいのが、第三者が敵になるということです。

第三者が弁護士を攻撃する理由は、弁護士業務と全く関係がないものではなくて、弁護士が特定の依頼者や特定の事件を受任したというものです。

弁護士の依頼者と相手方との間の個人的な紛争であったにもかかわらず、第三者がどんどんと参戦してきてしまうということで、第三者が敵に回るというよりも、第三者が相手方に準ずる存在になってしまうと整理することができるかもしれません。

私は多数のインターネット関係のトラブルを扱っているのですが、インターネット上のトラブルにおいては、第三者が敵に回る、ということはよくあることです。

例えば、弁護士が違法なインターネット上の投稿に対して発信者情報開示請求、つまりその投稿者を特定する手続きをした場合などが典型です。投稿した内容について、これは誰がどうみても「悪い」と思える内容であれば特に問題はないかもしれません。

しかしながらその投稿内容が、批判的な内容であっても違法であるとはいえないというケースもあります。

例えばある企業に対して、その会社がブラック企業であり違法行為をしていると批判する内容である場合です。

あるいは、誹謗中傷といってよいような悪口を言われている人がいるが、悪口を言われている側の人も同じように攻撃的な投稿しているといった、要するに「売り言葉に買い言葉」というケースです。

このような事案においては、「この主張・請求はひどくないか？」などと当事者によって主張されたりすることがあります。そして、どこからか聞きつけた第三者が集まってきて、同じような批判を繰り返すこともよくあります。

そして、そのような依頼者から依頼を受けて、事件処理をする弁護士も許せないということで批判が集中するということもあります。

弁護士としてイメージしやすいのは、刑事弁護について、「こんな酷い『犯人』を弁護するなんて許せない！」というものでしょうが、これは、その民事版、個人間の紛争版、ということができます。

こういうケースが増えてきた原因には、やはりインターネットにおける情報発信の容易さがあるでしょう。

インターネットにおいては誰しも簡単に発信ができてしまうので、発信が原因で起きた法律事件がさらに発信で拡大するという構造があると思われます。

かつては、裁判は公開だといっても傍聴に来る人は少なかったですし、あるいは裁判に至らない紛争であっても、１対１のやり取りなので第三者がそれを知ることは基本的にありませんでした。

しかし、今や誰でもインターネットで発信しますので、トラブルになると「拡散希望」などと発信して第三者を味方に引き入れようとすることは、たびたびあります。

こうして、事件に本来無関係な第三者が参加してきて、収拾がつかなくなる、業務妨害を受けることは確実に増えています。

以上は、インターネット上のトラブルを念頭に置いて弁護士が攻撃されるケースを紹介しました。そのケースは非常に多いのですが、例えば、（違法であるとか、助力することが弁護士倫理に違反するとまではいえなくても）社会的に非難を浴びるような事業を行っている会社の代理人や顧問弁護士に就任するなどについても、同じようなリスクがあるといえます。

「こいつはこんな請求をしている会社の顧問弁護士だ、これは許せない」などと言って、弁護士の関係先に連絡が殺到するとかそういうものです。

また、最近は、弁護士が作成した書面がインターネット上で公開されることがたびたび問題になります。

送った内容証明郵便が、インターネットにアップロードされ、それで弁護士と依頼者が共同で炎上する（私は「共炎」と呼んでいます）ことも増えています。

プライバシー侵害等であれば別ですが、なかなか内容証明郵便の文面には著作権侵害が認められにくく、一度アップロードされると削除することはかなり困難です。

勝敗が微妙な案件ほど、ついつい強い内容の表現を使ってしまいそうになりますが、「第三者が見ても大丈夫か」は、今の時代の書面では考慮するべき要素でしょう。

依頼者からすれば、相手方が悪いわけですから「ガツンと言ってやってください よ」ということなのでしょうが、その「ガツン」を第三者が見るかもしれないということを留意すべき時代になってきたといえます。

3 実は紛争が好きな私たちの社会

私たち弁護士は法律や裁判制度を学ぶにあたって、日本人はまだまだ権利意識がそこまで高くないが、それでも最近は権利意識が高まってきた、というような意見に触れることがあります。

また、裁判というとやはりハードルが高いし、あまり紛争を好まないというのが日本社会の特質である、といった話を聞いたことがあるかもしれません。

私も、裁判手続きをとても嫌がるという意見については概ね賛成です。ですが一方で、権利意識があまりないとか、紛争が嫌いといった意見については、少し見方が違うのかなと思っています。

特に、紛争を好まないという点については、どうなのかなと思っています。

例えば、SNSを見てみればなにかトラブルや不満があったケースで「【拡散希望】この会社、このお店で、こういうことをされた！許せない！」というような投稿がそこら中にあります。

こういう不満は、一種の紛争ですが、その紛争を個人的なものとしてではなくて、周囲の人間も巻き込んで戦おう、解決しようというのですから、これは紛争が嫌い、紛争を避ける社会とは全く逆の傾向です。また、その投稿について、多くの「いいね！」等のリアクションがなされるのも、紛争が嫌いなはずの社会とは矛盾します。

そういった声を聞いて、当事者ではなく、私たち弁護士のようにプロでもなく、報酬をもらっているわけでも、仕事としてトラブルの情報を集めるジャーナリストであるというわけでもないのに、そういった紛争の情報を集めて紛争に参加しようとする人は、インターネット上では非常に多くいます。

インターネット上の表現トラブルを扱っていて、紛争の当事者ではないのに第三者として片方に肩入れをして投稿をし、それが違法な投稿だといわれて責任を追及されているという話は全く珍しくもありません。仕事でもないのに、わざわざ他人間の紛争にタダで関与して、それで自分も紛争の当事者になってしまう、責任を追及されてしまうというわけです。

そういうことですから、実は私たちの社会というのは紛争が嫌いというわけではなくて、紛争そのものというのは、特に他人の紛争で自分にリスクがない限りは、むしろ好んでいる、そういう社会であるということを考える必要があります。「火事と喧嘩は江戸の華」という言葉がありますが、「炎上と紛争はインターネット・現代社会の娯楽」というわけです。

このように紛争を生業とする弁護士としては、社会における紛争の位置づけというものが特別なもので、なかなか公にならない存在から、むしろ第三者が多数関与してくるものになってきた、ということを理解しておく必要があると思います。

4 「護身」は自分のためだけではない

人のことを心配するときに、「あなただけの体じゃないのだから」と声をかけることがあります。

私たち弁護士は、同時に、多くの事件を並行して処理します。詳しい事情を最初から知っているのは、本人以外であれば、弁護士である自分だけ、というケースも珍しくありません。事件の内容や依頼者の意向が特殊であれば、自分以外の弁護士が受任することが難しいこともあるでしょう。

ですから、弁護士としては、きちんと執務が続けられるように、心身の状態を保たなければならず、これは、自分だけではなくて依頼者や事務所の仲間への義務でもあります。

今でもおそらくそうだと思いますが、司法修習を終える際には、司法研修所で、１日で民事裁判、刑事裁判、検察、民事弁護、刑事弁護の教官らが、それぞれ短時間の講義を受け持ち、その時間を使って、これから法曹になる修習生らに最後のメッセージを送ります。

私のときもそうでしたし、話を聞くと、別の期の弁護士もそうだったようですが、とにかく、「死なないで」「心身を健康に」ということを言われるそうです。やはり、この仕事は、心身への負担が特に大きい仕事であるというのが共通認識なのでしょう。

本書では、新しい時代、特に最近のインターネット時代を踏まえた相談や受任の心得、受任を回避するべき相談者の見分け方、受任後のトラブル防止のコツなどを解説しています。

これらのノウハウを、弁護士向けの「護身術」としてまとめているわけですが、護身といっても、それは自分の身を守るためだけにあるのではありません。

弁護士にとって護身は、自分だけではなくて、事務所の仲間や自分の家族、あるいは依頼者を守ることにつながります。

依頼者とトラブルになる、問題のある依頼者の事件を受任してしまう、第三者から攻撃を受ける、いずれも弁護士を消耗させる現象です。また、苦情の電話を事務局がとれば、事務局にダメージを与えることになります。

このような負担は、弁護士のパフォーマンスを低下させ、卑近な言い方をすれば、収入の減少にもつながります。そうすると、事務所の維持に危険が及ぶかもしれません。家族の生活も同様です。

弁護士のパフォーマンスが低下すれば、依頼者のために十分な成果を上げることも難しくなるかもしれません。そうなると、依頼者も被害を受けるということになります。

語弊を恐れずにいえば、「悪質な依頼者のために、それ以外の依頼者を犠牲にする」べきではありません。

「護身」というと、ただ弁護士個人が自分の身を守るように感じるかもしれません。ですが、弁護士（これは、弁護士に限らないことですが）にとって、依頼者やあるいは第三者とのトラブルは、継続的に自分を悩ませるものです。その対応をしている時間はもちろん、それ以外の時間でも、トラブルに煩わされて、公私ともに悪影響が出てしまう、ということは、みなさん、経験がある人もいると思います。

「護身」は自分のためだけではありません。自分の周りの人のためにも重要なことです。

5 「護身」ができれば、自分も依頼者も幸せになれる

弁護士が抱えるストレスはいろいろあります。その中でも、紛争に関与するストレスや、紛争で苦しみ、あるいは感情的になっている人を相手にするストレスは、相当部分を占めているのではないでしょうか。

こういったストレスを軽減することができれば、弁護士が幸せになれるのはもちろんのこと、より生産的なこと、本来の業務に注力することで、事件処理のクオリティも上昇します。そうなれば、弁護士自身も依頼者も幸せになれます。

また、本書では第２章として解説しますが、相談者や依頼者にサービスしすぎると、かえってそれがトラブルの原因になってしまう、ということもあります。

例えば、弁護士の携帯電話の番号を教えて、土日祝日や夜間の連絡にも応じていたところ、徐々に要求がエスカレートして、非常に大量の連絡が来るようになり、対応が遅れるとそれが苦情につながる、というようなものです。

もっとも、依頼者に対する十分なサポートという観点からは、携帯電話の番号を伝える、夜間等も対応することが必要なこともあります。ですが、こういったリスクもあります。

本書では、携帯電話番号を「教えるべき」か「教えるべきではない」か、

というような二択の話はしません。

経験上、このような特別な対応をしてはいけない相談者や依頼者、あるいは、事件といったものがあります。手厚いサービスを提供するべきか、そうではないか、ということが問題ではありません。問題は、今、その人に対して手厚いサービスを提供するべきかどうか、ということです。

トラブルにならない依頼者、ケースにおいて、賢く手厚いサービスが提供できれば、依頼者の満足度も上がります。まるで差別しているように聞こえるかもしれませんが、適切な依頼者に適切なサービスを提供する、ということです。

なお、私は、携帯電話の番号は依頼者にはもちろん、受任前の相談者にも教えていますし、あるいは、夜間休日に対応することもあります。ですが、それでトラブルになったとか、負担が過大になってしまったことは、ほとんどありません。その一方で、そういう対応をした依頼者からは、非常に感謝されています。

本書では、第２章において触れますが、そのあたりの対応の緩急の付け方は、対応の迅速性と自分の負担、依頼者の満足度とを高いレベルでバランスをとるためには重要なことです。

うまく依頼者等から上手に「護身」をすれば､依頼者に「親身」に対応し、より良い成果を得ることもできるのです。

第2章

依頼者からの「護身」

1 六法より難しい問題

私にとっても大分昔の話になってしまいましたが、受験時代、苦労をさせられたのは六法です（行政法とか選択科目を入れるともっとありますが）。

法律は難しく、なかなか覚えきれず、理解も難しい、問題文を分析して、答案という形で、それも時間内に第三者が読んでもわかりやすくまとめる、それはとても大変なことです。

受験生であれば、多かれ少なかれ、六法には苦しめられていた（！）のではないか、と思います。

さて、実務家になってから、もちろん法律で悩むことはありますが、それと同じくらいに悩むのが、事件処理の問題です。方針策定はもちろん、依頼者との関係は、法律の理解よりも悩むことが多いのではないでしょうか。

六法に書かれた条文は、勝手に書き換わりません。見ようと思えば、いつでも見ることができます。条文は正確に記載されており、解釈の余地はあっても、意味内容は読み取ることができます。

試験問題も同じです。試験問題は試験時間中に書き換わりません。大事なことは全部書いてあります。試験時間であれば、いつでも見ることができます。試験が終わった後、復習することができます。過去問も同じく、みんなあの問題はどうやって解いたとか、あるいはどう解くべきであったとか、共通の問題を話題に検討することができます。

でも、実務は違います。

依頼者の言っていることが途中で変わる、大事なことはきちんと聞かないと答えてくれない、往々にして、それは大事なだけではなくて不利な事情だったりする、同じ依頼者、同じ事件は２つとしてないので、模範解答例もないなかで、手探りで進めないといけません。

もちろん、試験には試験なりの難しさがあります。しかし、実務では、このように、同じものがない、しかもたびたび前提が変わることすらある、ということで、六法より難しい問題に直面することがあります。

晴れて司法試験に合格し、いざ実務家になるために司法修習、それも実務修習に突入すると、こういう事実が揺れ動くこと、大事な事実に限って出てこないことがしばしばあることに、（予想はしていたとしても）修習生は驚かされます。

実務家になると、もちろん、法律に悩まされることもありますが、それ以上に、悩まされるのが、依頼者との関係、事実の取扱い、つかみ方であり、これは、概ね、実務家共通の認識であり、あるいは悩みでもあると思います。

2 「後ろから撃たれる」という話

弁護士の業界では、よく、「後ろから撃たれる」という言葉が出てきます。

第1章の2にて言及したように、これは、本来は味方の関係にあるはずなのに、依頼者から弁護士が攻撃を受けることをいいます。

この「後ろから撃たれる」という表現そのものについても、賛否両論があります。いわく、依頼者は自分の前後にいるのではなくて、隣にいるようにしなければならないとか、依頼者から攻撃されるということは、弁護士に落ち度があったからに決まっている、などです。

もちろん、こういう意見にも一理あります。ですが、弁護士の「護身術」、つまり、弁護士が自分の身を守りながら弁護士業を続けていくにあたっては、弁護士に落ち度があるかないかは、大きな問題ではありません。

落ち度があろうがなかろうが、それは弁護士にとっての損失になり、それは、第1章の最後でも述べたように、他の依頼者の迷惑、ひいては、一緒に働く事務所の全ての仲間たちにとっても損失となり得ます。

弁護士に落ち度があろうがなかろうが、後ろから撃たれることはあります。落ち度がなくても攻撃されることはあり、落ち度があっても攻撃されないことはあります。依頼者と大小なんらかのトラブルを抱えたことのある弁護士にとっては、実感を持って理解できるのではないでしょうか。

ここで大事なのは、繰り返しになりますが、弁護士に落ち度があるかどうかではありません。落ち度があるのに開き直れ、という意味ではなくて、後ろから撃たれるということ自体が、他の依頼者や仲間たちへの迷惑になりかねないから、撃たれないように、撃たれても損失が少なくなるようにするべきである、ということです。

また、「後ろから」というのは、私は言い得て妙な表現だなと思っているのですが、後ろつまり背中は無防備です。相手方や相手方代理人弁護士のある程度想定できる攻撃よりも、依頼者からの思いもよらない攻撃（本人は攻撃とも思っていない）の方が、しばしば致命的になります。

第１章で挙げたケースで、別事件の資料が裏紙に掲載されてしまっている資料を渡したところ、情報漏洩であるということで、元依頼者に懲戒請求をされて、懲戒された、というものがありました。

もちろん、不注意であったという指摘は免れないでしょう。しかし、果たして、その資料を渡す先が自分の依頼者ではなかったら、あるいは相手方だったら、裏紙を再利用したでしょうか。それは、とても考えられないことだと思います。

もちろん、依頼者であろうがなかろうが、裏紙を使うのは不適切ですが、懲戒処分に至った原因の１つに、依頼者に対する信頼と油断があった、つまり背中を預けていたという事情は間違いなくあると思います。

さて、以上の話をまとめると、以下①～③のとおりとなります。

①　弁護士が依頼者から攻撃を受けることは珍しいことではない

②　その攻撃は、無防備な弁護士の背中を狙う。正面からの攻撃には備えていても、背後からの攻撃に備えることは難しい

③　弁護士の仕事の性質上、背中を攻撃されることに備えるには限度がある。正面の戦いに集中しないといけないからである

これだけいうと、対処不可能な、困難な攻撃があって、しかもそれについて対策をすることは、非常に難しい、仮にするのであれば、依頼者のための事件処理に費やすリソースを、自分の保身に注ぎ込まないといけない、ということになります。

これはいかにも不合理です。

人生の中で滅多にない場面において、弁護士個人を信用して、安くない報酬を支払って仕事の依頼をする依頼者にも申し訳ないことになります。後ろから撃ってくるような依頼者についてはともかく、そうではない大部分の依頼者からすれば、余計なことにリソースを費やされて、大変な迷惑である、ということになります。もちろん、よい気分にもならないでしょう。

後ろから撃たれないようにするためには、事件処理と関係ない防御をする必要があります。不必要な報告をたくさんするとか、とにかく機嫌をとるとか、不利になっても、意味がなくてもよいので、ひとまず依頼者が喜びそうな証拠を出したり主張したりといった、誰も幸せにならないようなことをする必要があります。これは、弁護士にとっても依頼者にとっても不幸です。また、依頼者も、表面的には満足しても、現実には事件処理がうまくいかなかった場合、獲得すべき権利を失い、あるいは、余計な義務を負わされる結果になるので、不幸なことです。

医師の方と話したことがあったのですが、最近は、どこかで聞きかじった「治療法」を患者が希望するが、病状には合わないので断るとトラブルになることが増えている、と聞いたことがあります。

ただ、医療の場合は、保険診療の範囲と適用の問題があります。不合理な治療については、保険診療ができない、というような歯止めがあります。

しかし、弁護士の場合は、そういう制限がありません。法テラスの場合ですら、法テラスの規定で報酬や実費が支給されないことについても、それ自体は禁じられていません。もちろん、弁護士の自腹で、ということになりますが。

このように、後ろから撃たれるという話は、弁護士業界では昔からいわれてきた話ではありますが、それは、単に弁護士にとって大変である、という話ではありません。依頼者からすると、撃っている背中は自分の味方なのですから、最終的には自分にとって損になるということです。

すなわち、弁護士は、自分や自分の周りの人間のためだけではなく、依頼者のためにも、後ろから撃たれることを防がないといけません。

この防ぐ方法は、本章5以降で詳しく話します。ここからは、後ろから撃たれるに至る原因であるとか、あるいは、この後ろから撃たれないように用心することは、依頼者が損をすることもあるが、その一方で、依頼者の大きな利益にもつながることをお話ししたいと思います。

3 依頼者は敵ではないが敵にはなり得る原因

繰り返しになりますが、依頼者は敵ではありません。

ですが、部分的にでも敵になり得ます。味方であり、助力しないといけない相手から敵視されることほど大変なことはそうそうありません。

では、どうしてそのようなことが起きるのでしょうか。昨今のクレーマー問題、カスタマーハラスメント問題に鑑みれば、商品やサービスの提供者が顧客とトラブルになること自体は、さほど珍しいことではありません。

しかし、弁護士について深刻なのは、次の２点からです。１つ目は、高度の信頼が要求される仕事であり、厳重な弁護士倫理、厳格な懲戒制度が存在し、よほど注意をしていても、それらから見て誤りであると判断されがちであるという点です。他の専門職と比べても、懲戒制度は非常に厳しいのではないでしょうか。

２つ目は、そもそも紛争について扱う、という点です。紛争においては、当たり前ですが、どちらも自分が正しいと思っています。程度問題ですが、双方において自分が正しいと思って、それで譲歩しないから紛争になっているわけです。

「話せばわかる」という言葉がありますが、かえってこの意識が、紛争を解決困難にし、あるいは弁護士とのトラブルの原因になります。

すなわち、正しい側であるはずの自分が一生懸命話しているのに、なぜ、裁判所や相手方がわかってくれないのか、という問題です。特に、民事訴訟においては和解の話合いの場がもたれることが多いのですが、和解条件について、「こちらがこれだけ話しているのに、なんで、相手方は自分のいうとおりに譲歩しないのか」というような不満は珍しくありません。

このように、非常に厳正な倫理が求められ、かつ、紛争を扱うという、武器も防具も持たずに戦場を歩いているかのようなリスクの高さがある、これが依頼者との関係で特に留意をするべき点であるといえます。

依頼者は敵ではありません。しかし、紛争という非日常の状態であること、それゆえ感情的になってしまい話が通じなくなり、弁護士が逆恨みの対象になってしまうこともあるのです。

そのうえ、弁護士は、懲戒請求書の１通で、長期間にわたって、それへの対応を強いられ、しかもその間は登録換えなども不可能になり、それで人生設計すら狂ってしまうリスクがある、国家権力から独立している一方で、非常に脆弱な側面もある仕事です。

依頼者は敵ではありませんが、敵になってしまうこともあり、その原因は弁護士という仕事の性質そのものに由来するため防ぐことは難しいです。そして一度、依頼者が敵になると弁護士は非常に苦しい立場に置かれます。

これらの点は、弁護士業を行ううえで、常に意識しすぎても意識しすぎるということはありません。

4 依頼者からの「護身」は最終的には依頼者の利益になる

以上のように、とにかく依頼者にも警戒をするべきである、という話をすると、「そんなに依頼者を警戒して、それも『護身』とまで言い出していては、依頼者のための仕事が十分にできないのではないか」という疑問を持たれるかもしれません。

しかし、それはむしろ「逆」であるといえます。

これは、本書の執筆のきっかけにもなった考えの1つですが、依頼者からの「護身」は最終的には依頼者の利益になるということです。

本書では、依頼者がときに不合理な行動をとるケース、それで弁護士に損害が生じるケース、あるいは弁護士を逆恨みするケース、うまくいかない原因を弁護士に押しつけるケース、さらには、弁護士に責任どころかなんらの関係もない（依頼者でも相手方でもない）のに攻撃をしてくるケースなどを扱います。

しかし、本書の目的は、そういう依頼者の振る舞いについて非難をすることではありません。当たり前ですが、依頼者を潜在的な敵扱いするという趣旨でもありません。むしろ、敵にならないで味方のままでいてもらうためには、弁護士側の努力が重要で、その努力の内容について解説をしています。

依頼者等が弁護士に攻撃の矛先を向ける場合、それは不合理な行動ですが、なぜ、そういう行動をとるのでしょうか。それは、紛争のストレスだったり、法制度の限界と弁護士の責任の区別がついていなかったり、そもそも相手方の行動が原因だったりします。依頼者の振る舞いについて、弁護士に責任がないケースでも、弁護士に原因があるケースはあり得ます。弁護士に原因がないケースでも、そもそも、依頼者の置かれた困難な状況に鑑みれば、依頼者を非難することはできないケースも多々あります。

このように、弁護士も依頼者も、どちらにも責任がない、非難されるいわれが全くないケースでも、依頼者が弁護士を攻撃し、あるいは依頼者以外の第三者まで弁護士への攻撃に加わり、そのせいで、弁護士が依頼者のために全力を尽くせなくなるということがあります。

原因は存在するといっても、責任は存在しない、しかし、それで依頼者も弁護士もお互いに不幸になるのは、とても残念なことです。

本書のねらいは、そういう原因を取り除き、予防することで、依頼者や第三者とのトラブルを防止することにあります。

つまり、「護身」は、依頼者のためにこそ必要な技術なのです。

5　説明・報告・自分用メモを1つにまとめて「護身」する

これまでは、護身の重要性の解説、あるいは、その総論でした。ここからは、依頼者との関係で護身をする、よりよい関係を築くための具体的な方法について解説していきます。

さて、皆様も経験はあろうかと思いますが、依頼者が弁護士に対して懐疑的になると、細かい事情を確認してきたり、指示をしてきたりします。

もちろん、弁護士には依頼者の希望に応じて職務を行う義務がありますので、それは直ちに悪いことではありません。

しかし、あくまで弁護士と依頼者との契約は委任契約です。弁護士は、専門家として、専門的判断に基づいて業務を行います。１から10まで指示され、報告を求められると、その専門的な判断や行動が制約されます。本来、事件処理のために費やすべきリソースを、依頼者に説明する、もっといえば、なだめることに費やされてしまっては、それは、両者にとってとても不幸なことです。

ですから、弁護士としては、依頼者に信頼してもらい、過度に詳細な報告を要求されることなく、細かい指示を受けずに、事件を任せてもらうことが重要になります。これができることで、弁護士の負担が減り、本来の事件処理に集中することができます。そして、弁護士が楽をする、依頼者から身を守るというだけではなく、依頼者のためによりよい弁護をすることができる、依頼者のために働くことに大事なリソースを費やすことができます。

私の経験からしても、依頼者とのトラブルで起こりがちなのが、今の進捗段階がわからない、あるいは、和解などの決断をするときに、これまでの事情がわからないので検討しようがない、なのに、弁護士が自分に判断を委ねるのはおかしいのではないか、というような事案です。

依頼者が事件の状況を把握していない、あるいは、把握しているが、その把握している内容に自信を持ってもらえない（信用してもらえない）という状況は、依頼者に非常な不安を招きます。

そうすると、むしろ、弁護士にいろいろと指図をした方がよいのではないか、あるいは、確認をした方がよいのではないか、と依頼者に思われることになります。

この、依頼者の理解不足、あるいは、理解をしている内容についての不安（本当は理解しているけれども、依頼者がそれでよいのか、不安になっている状態）が、処理方法や報告に関する過剰な要求につながってくる、ということです。

このようなケースでは、普段から、報告を詳細に行うことが大事です。ただ、報告を詳細にしろ、というのは、よく言われることですし、漠然と言われても、具体的にどうするべきかわからないかもしれません。

そこで、意識して、次のようなことを心がけることが効果的です。

① なにか動きがあるたびに報告をする

② 報告については、できれば、文書になるもの、電子メールを活用する

③ 動きについて、こちらの感想と、今後の方針について、一言書き加える

まず、①についてですが、これは、ボス弁や兄弁、姉弁に指導をされたことがある弁護士も多いかと思います。

もっとも、この報告というのは、結構な負担です。できれば、合理的に行うことが大事です。面倒なことは続かないため、なるべく合理的で楽な方法がないか、探すことが大事です。

そこで、ここで②につながるのですが、電子メールなどの文書で報告をする、ということです。これは、合理的かつ迅速に行ううえで非常によい方法です。相手方から書面が来る、電話が来る、ということがある場合、私たちは、それについて事件記録にメモをします。

そこで、このときの事件記録メモを、そのまま、依頼者への報告内容にする、あるいは、依頼者への報告メールを、事件の進捗の記録として、事件記録にしよう、ということです。

相手方の連絡書面はPDFファイルにしてメールに添付する、また、メールで、内容の説明と今後の方針について書く、そして、そのメールもPDFにして、事件記録にしておくことが合理的です。これで、報告や今後の方針の検討、記録化が、一度にできるということになります。

もちろん、弁護士限り、という事情は報告とファイルを分ける必要はありますが、基本的に非常に便利な方法です。また、PDFにしておけば、今後、証拠提出が必要になったときにも便利です（相手方との裁判はもちろん、依頼者との紛議や懲戒請求対応にも有益です）。

こうすることで、依頼者とのやりとりのメールのPDFファイルがたまっていきます。日付を入れるか、更新日時でソートすれば、依頼者とのやりとりはもちろん、事件処理の経緯を把握することができます。

いうまでもなく、私たちは、非常に多くの事件を並行して進めています。一方で、依頼者からすれば、自分の事件は、一生に一度あるかどうかの事件、ということになります。ですから、依頼者は自分の事件について熟知はしていますが、弁護士はそうではないことがあります。それが、不信感につながることもあります。

ですが、このように、なにか動きがあるたびにメールで報告をしてPDFファイルを作成しておけば、経緯を一目瞭然に把握することができます。また、なにかトラブルになってしまったときの証拠にもなります。

また、交渉や訴訟の方針なども、随時確認することができます。「20221102支払について20万円までなら大丈夫、25万円は要検討.pdf」といったファイル名にしておけば、方針について確認しながら進めることができます。

また、この方法のよいところは、手間がかからないことです。自分用のメモと依頼者への報告メール、記録を１つの送信したメールのPDFファイルという形式にするので、二度手間、三度手間というものが発生しません。

大抵のメールアプリにはメールをPDFにする機能が備えられています。

あるいは、印刷の操作をして、印刷先をPDFにすれば、そのままPDFファイルを出力できます。

このメールでこまめに報告をする、それをPDFファイルにして、自分用のメモ、進捗確認に使うというテクニックは、実際にやってみると、手間の割には非常に事件処理を円滑にします。あるいは、依頼者の信用を得ることも可能です。

私もたびたび依頼者から、「以前依頼した弁護士と違い、いつも、こまめに報告をしてくれるので、本当に安心する」という言葉をもらったことは、一度や二度ではありません。

ぜひ、励行してみてください。

COLUMN PDFファイル

さて、ここでPDFファイルという話が出てきました。これは、ファイル形式の一種で、電子の紙書類の代わりを目指して作成されたものです。

PDFとは、「Portable Document Format」の略で、日本語にすると、移植可能（持ち運びに便利）な文書形式、という意味です。

米国のAdobe Inc.（Acrobat Readerなどの無料ソフトで名前を聞いたことがある方も多いと思います）が開発したファイル形式ですが、国際標準となっており、多くのソフトウェアやサービスとして標準として用いられています。

特徴としては、どのソフトウェア、環境でも、原則として同じ表示がされるということです。例えば、今日日、コンピュータとしては、いわゆるパソコンだけではなくて、パソコンの中でもWindowsやmacOSで動作するものがあります。最近は、Linux等から派生した他のOSで動作する端末も珍しくありません。

また、スマートフォンは小型のパソコンともいえる存在ですが、それらも、届いたファイルを閲覧し、あるいは編集する機能を有しています。

文書データというのは、その文書の見かけがそのまま記録されているのではなくて、文字やそのフォント、書式情報が記録されているに過ぎません。ですから、写真データとはことなり、文書データは、環境によって、表示が変わってしまうことがしばしばあります。

ところが、PDFファイルの場合、基本的にそういうことはありません。もともと、どんな環境でも同じような表示ができるように設計されているからです。

また、規格は一企業が作成しましたが、国際的な規格となっており、様々な会社が読み書きできるソフトウェアを開発しています。

ですから、ひとまずPDFで渡しておけば、それが開けなくて困る、こちらの画面と全く違う内容が表示されて困る、ということは防げます。

また、これは副次的な効果ですが、PDFファイルは、基本的に読み取り専用であり、編集ができません。もちろん、編集禁止の設定をしない限りは、本来は自由に編集できます。ですが、これを編集できるソフトウェアは有料のソフトウェアが大部分です。ですから、通常は編集することはありませんので、知らないうちに編集された、というようなトラブルも、防ぐことができます。

以上のような性質から、依頼者に渡すには、PDFファイルは最適な形式です。スマートフォンでも開けるので、パソコンを持っていない依頼者でも閲覧ができます。また、内容については、まさに、こちらが確認を求めたい書面の内容そのものであり、依頼者と弁護士が別のものを見ていたことによるトラブルも防ぐことができます。

加えて、PDFについては、コンビニエンスストアなどにおいてそのまま印刷するサービスなどが普及しています。また、家庭用プリンタでも、データを送れば、PDFをそのまま印刷する機能などを備えていることもあります。

まさに、電子の書類として使える便利なファイル形式であるといえます。

私は、書面の確認をお願いするときはもちろんのこと、委任状を急いで集めるときに、PDFで送って、自分で印刷して署名押印して送ってほしい等のお願いをすることもあります。

また、PDFは電子の書類のように使えるので、例えば、適切なソフトを利用すれば、簡単に順番を入れ替える、複数のファイルをまとめて１つにする、目次（付箋）をつける、ということも自由にできます。

さらに、少し高度なことになりますが、書類に押印や署名ができるように、電子的に署名をすることで、成立の真正や改ざんのないことを担保することもできます。特に電子署名で契約をする方法は、郵送の手間がないということ、また、法律事務所からの郵便を同居人に知られたくないという依頼者に

COLUMN

人気の方法です。

依頼者とのコミュニケーションの充実というだけではなくて、書面確認の円滑化、記録管理のためにも、PDFファイルを業務で活用することを検討してみてはどうでしょうか。現在、非常に多くの関連するソフトウェアが開発、提供されています。

6 「放置される」ことに備える

弁護士は、事件処理において放置されることがあります。

ここでいう放置とは、事件処理を先に進めることが可能であるのに、当事者、代理人、関係者（裁判所等）が、それを進めようとしない、そのような状態が一定時間続くことをいいます。

例えば典型的には、こちらから賠償等の請求書を送ったのに返事がない、和解案を送ったのに、諾否の連絡がない、ということがあります。

このような現象は、珍しいことではなく、その当事者を責めることは難しいことをよく認識する必要があります。

というのも、当事者にとっては、法的紛争というのは非日常のことです。スーパーマーケットで、買うべきものを選ぶように、和解の諾否や紛争の処理方針について決めることは容易にはできません。

ですから、返事をお願いしても、時には期限を設定しても、なかなか返事がない、ということは通常あり得ることです。

また、相手方であれば、これはなおさらです。特に、こちら側が請求をする側の場合、相手にとっては、それに応じるメリットは基本的にはありません。できれば、放置して諦めてもらった方がよい、ぐらいに思っていることさえあります。

自分の依頼者であっても、気が進まない和解の決定であるとか、支払いについて一部応じる、支払計画の策定など、こういった場面において反応がなくなる、つまりは放置されることは珍しいことではありません。

また、法テラス案件、債務整理の案件、破産の案件においては、特にこれらは顕著でしょう。なかなか必要書類を集めてくれない、また、連絡が途絶してしまう、ということはよくあることです。

このようなケースから、弁護士はしっかり「護身」する必要があります。

もちろん、理想をいえば、放置されないようにする工夫をしたいところですが、これはなかなか難しいことです。

そこで、放置されるであろうことを前提にして、事件処理を行うことが大事です。これは、自分の依頼者がこちらの連絡に対して放置する場合だけではありません。相手方（代理人）が、こちらの連絡に対して放置をすることも考慮に入れる、ということです。

さて、ここから具体論に入りますが、なんらかの提案を受けている、判断や意見を求められている、書面を出す必要がある、そういう状態にあることを、これはよくある表現ですが、ボールを持っている（ボールが来ている）と表現します。

自分がボールを持っている状況、つまり、相手方の提案を検討する、相手方の主張に反論する書面を出す、そういう状態になったのであれば、必ず、締め切りを記録しましょう。

現在、スマートフォンのカレンダーアプリなど、設定や共有が簡単なものがたくさんあります。必ず、すぐに記録することが重要です。

私の経験からもいえますが、こういうタスクのメモは、その場でしないと、後では忘れてしまう、後回しになってしまうことがほとんどだからです。

また、可能であれば、締め切り日の他に実行をする日、作業に割り当てる日も設定しましょう。

事件放置というと、弁護士の不祥事が連想されますが、実際問題として、依頼者や相手方(代理人弁護士)から放置されるケースは、少なくありません。

まず、依頼者から放置される件ですが、忙しい、メールを見ていなかった、対応はしたが、こちらの話を把握しておらずに不十分だったなど、いろいろなパターンがあります。

そもそも、こういう事態が発生する原因として、その依頼者のパーソナリティという問題もありますが、事件の性質、特に進行状態にも原因があります。

誰であっても、大変な決断というのは、後回しにしたいところです。また、決断を伴わなくても、あまり触りたくないような資料や事実、事情について整理するとか、要するに直視することがつらいということは、しばしばあります。

こういう事情で、依頼者が事件を放置してしまうことがあります。弁護士に事件処理の裁量が幅広く認められているとはいえ、依頼者に事件放置をされてしまうと、なんら方針は決まらないですし、そもそも戦うための材料も一切ない、ということになります。

かといって、連絡がとれない、というのは、依頼者にとって不利な事情であり、守秘義務の問題になることもあります。ですから、裁判所や相手方に、安易に「それが、全然連絡がとれなくて、どうしようもないのですよ」と相談するわけにはいきません。

したがって、こういう状況は極力防ぐ必要があります。

段階ごとに心がけるべきコツを列挙すると、次のようになります。

①　契約書において、弁護士と連絡を維持すること、弁護士の依頼に応じて、資料を探索して提出することは依頼者の役割であることを明記する

②　連絡先と連絡方法を契約書に明記する。電話番号と電子メールアドレスは絶対に記載する。そして、これらの連絡先に受信された場合は、基本的に、その連絡は到達した、という扱いにすることを定める

③　連絡困難な状況になった場合は、速やかに弁護士に連絡するべきことを定める

以上が、契約段階で契約書に定め、説明をしておくべきことです。また、事件受任後の連絡においては、次のような点に留意するべきです。

④　資料の提出や回答等を求める場合、「破産において裁判所に説明が必要なため」とか「前の裁判で裁判所に説明を求められた」などと、理由を明らかにする。これにより、重要性を認識してもらえるとともに、当事者意識をしっかりと持ってもらえる

⑤　重要なものについては期限を定める。しかし、期限を定めるのは最小限のケースのみとする。あまり期限を定めると、依頼者に「弁護士は自

分を信用していないのではないか」と信頼関係を損ねてしまうリスクがある

⑥ メールで連絡をする場合、文章で連絡をする場合、お願いすることについては、1、2、3……、と、箇条書きにする。箇条書きにすると、読みやすくなり、依頼者の迷いを解消しやすく効果的である。また、事件を理解してもらうという依頼者へのサービス向上にも有益である

また、「放置された」ときの対応をスムーズに進めるためにも、期日までに応答がない場合、返事がない場合、準備ができない場合はリマインド、督促するように、細かく予定表に書き込んでおきましょう。

依頼者から放置されてしまうことはしばしばあることです。ただ、それと同じくらい怖いのが、依頼者から放置された結果、弁護士が結果的に事件処理を放置してしまうこともあり得る、ということです。

具体的には、依頼者に、相手方の提案に対する返答や必要な証拠資料を依頼していた場合、それを放置されると、「弁護士が放置されていることを忘れてしまって、弁護士の方でも督促等せずに放置してしまう」という事態です。

最初の原因は依頼者にありますが、その後のフォローをしなかった、という点では、弁護士にも責任がないとはいえません。そして、原因がどこにあろうが、放置による不利益は、依頼者が被ることになり、弁護士の責任問題にもなりかねません。

よく考えられるトラブルとしては、依頼者が対応をしなかったところ、弁護士が、その放置されていることを失念し、お互いに何もしない状態が続いてしまう、というものです。

そのあと、しばらく経過し、期限などの関係で取り返しが難しくなった時点で、依頼者から「先生、あの件、どうなっていますか？」と確認されて発覚する、トラブルにつながる、ということになります。

もちろん、依頼者にも責任があるのですが、だからといって弁護士の責任が免除されるというわけではありません。むしろ、こういうケースでは、依頼者は後ろめたさから、弁護士に責任があるかのような言動をとることが多いです。むしろ、弁護士が単に放置していた案件よりも、トラブルになりやすいといえます。

7 「放置された」ときの対応

さて、以上のように放置されないように対策して、放置された場合にも備えていても、やはり放置されてしまうことはあり得ます。

その場合ですが、督促のタイミングや内容についてコツをまとめると、次のようになります。

① 「いついつまでに返事してください」というような期限設定がある場合は、その期限が経過した直後に連絡を入れる

② 対応が遅れたことについて非難はしない。逆に、理由や原因を聞き、なにか問題があったのではないかと心配をする

③ 督促の際には、いつ、なにを、いつまでにお願いしたかを再度本文に入れる（「○○のメールで、○○までにお願いをした○○の件ですが」というように説明を入れる）。これは、適正に業務をしたということで、弁護士の身を守ることにもなる

④ 督促をしても返事がない場合は、督促を繰り返す

⑤ 督促をしても返事がない状態が続くのであれば、どういうリスクが想定できるか案内をする。また、可能な範囲で、弁護士の判断で対応することもある、とも案内する

⑥ 依頼者の携帯電話の番号に対するSMSでの連絡や架電するなど、別のチャンネルでの連絡も組み合わせる

さて、それぞれの趣旨やねらいを説明します。

まず、①についてですが、期限経過直後に連絡を入れるのはとても大事です。これにより、期限設定が重要であったこと、遅延すると問題が生じる可能性を依頼者に理解してもらうことができます。

これは、債権回収でも同じですが、期限を定めたのに、その期限が経過してすぐに連絡をしないのは、期限を経過させた相手だけではなくて、期限を設定した自分の落ち度でもあると心得るべきです。期限を定めた当の本人が、それを過ぎてもなにもしないということは、定めた期限の重要性を貶める行為であるともいえます。

ですから、なるべくすぐに、できれば翌日朝一で連絡を入れるのが適切でしょう。

これにより、依頼者だけではなくて自分自身も、期限の重要性を理解し、相互に認識を共有することができます。

次に②について、督促はすぐにするとしても、期限徒過について絶対に非難してはいけない、ということです。

そもそも、弁護士に依頼するということは、滅多にあることではありません。その弁護士から依頼された期限について、これを過ぎてしまうということは、依頼者にとっては常識的に考えれば重大事です。

そういう重大なことが起きてしまったケースにおいては、依頼者にもそれなりの重大な理由があるはずです。そして、それは、しばしば依頼者本人に責任がない、あるいはあるとしても一部しかないケースがあります。

ですから、遅れてしまったことについては、絶対に非難をするべきではありません。

非難より大事なのは、原因について聴取をすること、共感を示すことです。具体的には、遅れた原因について聞く際には、原因を聞く理由として、相手方や裁判所などの関係者に説明の必要があって確認したいといったことを明言するべきでしょう。原因を聞く理由を明らかにしないでただ聞くだけだと、非難しているようなイメージを与えてしまうことがあります。

特に和解条件の設定など、本人が悩んでいるケースでは、共感を極力示すことが重要です。

そして、③のとおり、督促する場合は、いつ、なにを、いつまでに依頼した件か、明記することが大事です。こうしないと、メールだけ見て、「これはなんの話だったのか」ということで、依頼者が理解できないこともあります。督促は理解してもらえないと意味がありません。そして、理解してもらえないと、また遅延して、同じことの繰り返しになります。

また、本章5で指摘したように、こまめなメールの記録は、事件の進捗管理の重要な資料になります。事件処理に重大な問題が生じてしまった場合、弁護士の責任ではないことを明らかにする資料、つまり、護身の道具にもなります。

④は当然のことかもしれませんが、一定間隔で督促を繰り返すことは大事です。その際に、③で指摘したようなこと、つまり、どういうことを依頼したのか、過去の督促についても触れるべきです。これは、おなじく5で指摘したように自分の身を守る材料となります。

そして、⑤について、１回目の督促からこれを伝えるのは、非難めいてしまうのは避けるべきです。ですが、あまりに反応がないのであれば、リスクを告知する観点から、どういう不利益や被害があるのか、通知をするべきです。

タイミングについては、控訴期限などクリティカルなものであれば最初から、それも依頼の当初から知らせてもよいでしょう。

そうでない場合は、２回、３回目あたりからの通知が相当だと、特に理論的な根拠はないですが、経験上はそう思います。

⑥についてですが、これは、３つの理由があります。

まず１つ目の理由としては、携帯電話、パソコンが故障しているなど、そういう理由で返事ができないケースがあるからです。ですから、さまざまな異なるチャンネルから連絡をすることで、故障をしていない、トラブルに見舞われていないルートで連絡をつけることができる場合もあります。

２つ目の理由ですが、故障などの問題がなくても、「別のチャンネルから通知が来る」と、認識を改めて、きちんと返事をしてくれるケースが少なからずあります。その理由ですが、別のチャンネルから来ると、これは大事な連絡なのだろうな、と思い、あるいは、「後でいいや」「返事したくない」という気持ちを改める可能性があるからです。

ですから、SMSは業務に活用できるように、必要な携帯電話の契約をするなどしておくべきです。

そして、３つ目の理由ですが、残念ながら、依頼者の中には決断が大変な事項、あるいは弁護士にかつて嘘をついていたので、それが明らかになるような説明をしたくない、あるいは単に気が進まない、遅れてしまったので今更連絡をとることに気が引ける、などさまざまな理由で、返事をしたくなくなる人がいるからです。

そういう人は、例えば端末が壊れたとか、やむを得ない事情があったと嘘をついてしまうこともしばしばあります。

誠に残念なことですが、弁護士の間で、こういうことがよくいわれます。すなわち、「筋の悪い（勝ち目が薄いか、他の事情でこちらに合理的な法的解決が難しい案件等のことをいいます）案件の依頼者に限って、肝心要のタイミングで電話やパソコンが壊れることになっている」ということです。

ですから、複数のチャンネルで連絡をしておけば、それらのチャンネル全てについて「壊れる」ことはまずないでしょう。となると、「壊れた」と述べて引き延ばそうとすることを防ぐこともできます。

なにか、追い詰めるようなやり方に思えるかもしれません。しかし、弁護士に対して嘘を述べて、かつ、決断を遅らせても、依頼者にはなんのメリットもありません。むしろ、状況が悪化し、法的にも精神的にも追い詰められてしまうことになります。

こういう工夫は「配慮」であって、円滑に事件処理を進めるために大事なテクニックであるというべきです。

事件放置は弁護士の非行の典型ですが、その原因が、依頼者側の放置で始まるケースも少なくないと思われます。特に忙しいと、反応がない依頼者の処理は後回しにしてしまいがちです。

ですが、依頼者側が事件放置をしたとしても、直ちに弁護士の事件放置が免責されるわけではありません。

以上を踏まえて、依頼者の事件放置には適切に対応し、弁護士自身の事件放置につながらないようにしましょう。

8 相手方から放置されたとき等の動きが長期間ない場合の対応

裁判期日が定期的に指定される訴訟案件とは異なり、訴訟外の交渉には、基本的に期限がありません。

そうなりますと、特に請求を受ける側で問題になるのが、相手方に放置されるというケースです。

実は、これは珍しいものではありません。

相手方としては、請求書の段階ではもちろん自信満々に自分の請求は当然認められるということで主張をします。しかし、それは交渉戦術の一環であり、どれくらい裁判でも認められる見込みがあるのか、お互いに正確な見通しを立てることは困難ですし、保証もできません。

請求をしたものの、こちらの反応や反論を踏まえて、相手方が訴訟提起は断念した場合でも、「とても勝ち目がないと思いましたので、裁判はやめます！　失礼しました！」なんて連絡を相手方がしてくれるわけではありません。

そういうわけで、請求を受けて対応したら、そのあとずっと相手方に放置される、という事態が起きることがあります。

こういう場合に起こり得る問題は、次のとおりです。

①　自分の依頼者から不信感を抱かれてしまう。なにも事件は進行、解決していないのではないか、と思われてしまうからである

②　委任契約をいつまで続けるか、報酬はどうするかが明らかにならない

（和解が成立したわけでもないし、勝訴したわけでもないから）

いずれも悩ましい問題です。

まず、①ですが、事件を止めているのは相手方であるにもかかわらず、こちらが不審を抱かれてしまうことはあり得ます。依頼者に不信感を抱かれてしまうのは、なにも弁護士になにか落ち度があるという場合だけではなくて、不安を感じていることそのものが原因になることは通常のことです。

この解決策はさほど難しいものではありません。相手方からの連絡がなくて、進捗がないということの進捗報告を定期的に行えばよいだけです。

そして、この場合の効果的なコツとしては、最初から、長期間の動きがない場合もあり得る、ということを説明しておくことです。

そのうえで、動きがない理由は、前述したような訴訟の場合のリスクの高さ、コストの高さもあり、訴訟になかなか踏み切れないことは珍しくないこと、仮に踏み切れたとしても、その決断や提訴の準備までに長時間かかることもある等と説明をしておけば、依頼者がいたずらに不安になって、トラブルの原因になることもなくなります。

加えて、特に請求を受けている事件においては、相手方からの反応が鈍いこと、遅いことは、基本的にはよいニュースであるということも伝えておきましょう。これは、依頼者に安心してもらうためには大事な情報です。

要するに、自分の方から請求をしてきているにもかかわらず、また、応じないなら訴訟をすると予告しているにもかかわらず、一向にそれを決断しないのは、そうできない理由がある、相手方も自分の請求に自信がない可能性もある、ということです。

特に、交渉段階の駆け引きがうまくいけば、相手方の反応が鈍くなるということはよくあります。むしろ、うまく進んでいる可能性のあるときの現象だと、説明をするとよいでしょう。

なお、定期連絡は負担に思われるかもしれませんが、各種OSのリマインダー機能、メーラーのスヌーズ（特定のメールを特定日に着信したかのように自分の受信トレイに戻す機能）などを駆使すれば、処理漏れもなくなると思います。

また、相手方による放置期間の長短で、例えば、最初は２週間程度の動きがないなら報告をし、その後は、３週間、４週間、２か月と延ばしていくことも合理的です。

そして、②ですが、これはこれで頭の痛い問題です。つまり、相手からなんの動きもないのだから事件が終了にできない、永久に続くことになる、すなわち弁護士と事務所のリソースを削ることになってしまいます。しかも、請求を断念させた可能性が高いわけですから、実質的には大成功で、相当する成功報酬は頂戴したいところです。

この場合は、前もって、次の３点を委任契約書に定めておきましょう。

①　一定期間の連絡途絶で事件は終了すること

②　①の場合には一定の成功報酬が発生すること

③　①の場合において、再度の請求・訴訟提起があって受任した場合には、②の成功報酬を考慮して再度の報酬を定めること

①については、多くの弁護士が看過しており、実際に私が弁護士から相談を受けることも多いポイントです。

事件について特に処理をすることがなくても、定期的に進捗を確認しないといけません。また、受任中は依頼者からの見通しや関連事項についての相談が寄せられることにもなります。それらへの対応コストも無視できません。

そうなると、同じ事件が成果も報酬もない状態で続くということは、経済的な負担になります。また、弁護士は個人による労働集約産業であるという側面が大きい事業です。そのため、こういう負担が積もっていくと、事業全体に悪影響を与える、他の依頼者の対応クオリティが低下することにもなりかねません。

ですから、例えば、半年以上相手方からの応答がなかった場合については、弁護士の申し出で契約は終了するというような記載をしておくべきです。

ただ、相手方が明らかに提訴の準備をしているとか、そういうケースは除外するという定めも一緒において、依頼者に安心してもらうことも大事です。

加えて、私の経験からいうと、請求を受けているが訴訟をしない、というような案件では、3か月間以上の間が空いてからまた請求を受ける、訴訟をされるケースは稀です。そして、半年ともなれば、ほぼ皆無となります。

なので、半年と定めておいて、実際には1年弱程度で終了するというのが安全でしょう。

ただ、全くあり得ないことではないのが、終結後に提訴されるとか、事件が再発するというケースです。

そういう場合に備えて、その場合は着手金無料、あるいは減額して再受任するなどの定めも置いておくべきでしょう。すでに、②により成功報酬が支払われているわけですから、この点を考慮した金額（要するに減額した金額）とするべきです。

COLUMN／弁護士会の市民相談窓口と事件放置

ここまで、弁護士（つまり自分自身）が放置をしない方法、依頼者に放置された場合、そして相手方からの放置についての注意点を解説してきました。

ただ、放置トラブルで一番多いのは、やはり弁護士から依頼者に対する放置です。放置の原因は弁護士だけの場合もあれば、依頼者の放置がきっかけであったこと、相手方の放置が原因になった等いろいろあります。ですが、やはりその原因としては、依頼された弁護士の他に原因が見当たらないことが多いようです。

さて、なかなか連絡がとれない、返事がない、ということは、依頼者が弁護士に抱く不満の中でも、それなりに上位を占めます。

各弁護士会には、弁護士とのトラブルを扱う部署が設置されています。その代表例が市民相談窓口であり、市民から弁護士とのトラブルに関する相談を扱っています。

自分が依頼している弁護士とのトラブルはもちろん、相手方代理人弁護士についての苦情についても受け付けています。

そして、市民相談窓口でいつも苦慮しているトラブルは、事件放置、弁護士と連絡がとれない、というものです。

私は、セカンドオピニオンを求められて他の弁護士に依頼している人から相談を受けることも多いのですが、これ（弁護士に放置されているトラブルの多さ）はその実感とも一致します。

あまりに頻出のトラブルであるため、依頼者対応を促す定型の指導文書があり、それをFAXすることもあるそうです。私たち弁護士全体にとってなかなか恥ずかしい話であると思います。

そんな中、弁護士としてぜひ肝に銘じたいことがあります。

市民相談窓口に相談される依頼者の方の大部分が、依頼している弁護士に自分が弁護士会に相談をしたことを知らせないでほしい、と希望するそうです。また、私も、当然のことながらセカンドオピニオンを求められた場合は、相談を受けた事実も含めて、依頼中の弁護士を含む第三者に情報を開示することはない、と入念に説明をします。

これは、一般市民である依頼者からみて、まだまだ弁護士は高度に信頼をされているということ、それだけでなくて権威もあると思われているということがいえると思います。

信頼されているからこそ、直接に督促せずとも自分の工夫等で自分の依頼を進めてくれるかもしれない、あるいは、自分に原因があるかもしれない、そういう気持ちもあるから、直ちに依頼弁護士に知らせないで（指導しないで）ほしい、と希望しているのでしょう。

また、依頼している弁護士に苦情のようなことを述べることに抵抗があって、弁護士に一定の権威を感じているから、その点からも、通知を希望しないとも考えられます。もちろん、こういう信頼がかえって弁護士の事件放置を助長してしまう結果となっているのは、非常に残念なことです。

事件放置は、弁護士に対する信頼を揺るがす一方で、（きっと、やってくれているという）依頼者の信頼が一種の原因になっていることを肝に銘じ、ぜひ、信頼を裏切らないようにしましょう。

なお、これは正確なデータを持っているわけではありませんが、事件放置の相談を受ける中で感じたのは、事件放置の弁護士は、単に怠けているというよりも、メンタルに問題を抱えているのではないか、と思われるケースがたびたびあります。

これは、本書を執筆する１つのきっかけでもありますが、依頼者をはじめとする事件関係者と適切な関係と距離を保つことは、弁護士のメンタルを維持することと重大な関係があるといえるでしょう。

放置を防ぐためにも、「護身」は大事です。

9 依頼者が誤解しやすいポイントを契約書でカバーする

⑴ 契約書は法律問題だけではない

弁護士には委任契約書作成義務があります（弁護士職務基本規程30条１項本文）。

その趣旨は、依頼者に事件を説明し、予想外の報酬等が発生しないように依頼者を守るところにあります。

しかしながら、委任契約書は、依頼者だけではなくて弁護士を守る武器にもなります。

もちろん、契約条項で、例えば全ての弁護士の責任を免除するとか定めるのは問題があるでしょう。消費者との契約であれば、消費者契約法８条１項の適用がありますから、そもそもそういう免責条項は無効となります。

それよりも、弁護士への委任契約において当然の前提になる業務範囲の限界であるとか、弁護士の裁量等の記載をするべきです。

そんな記載をしても法的効果があるか、疑問に思われるかもしれません。しかし、ここでの主眼は、法的効果ではありません。

契約書、それも弁護士との契約書ということになれば、誰でも、それなりに注意をして読み込んでくれます。また、疑問を感じれば指摘もしてくれます。

ですから、契約書の中に依頼者が誤解しやすいポイント、もっといえば、受任後にトラブルの原因になる「こんなはずではなかった」というようなことについて、記載をしておくことは有益です。これにより、依頼者と共通の認識をもち、かつ、トラブルを避けるために役に立ちます。

⑵ 具体的な記載内容について

契約書の具体的な記載内容についてですが、以下のようなものが考えられます。また、自分が集中して取り扱う分野に応じて、調整をすることも重要です。

① 交渉、訴訟、上訴、執行、それぞれは請求をする側、受ける側でも別の案件であり、それぞれ受任の合意が必要であること（委任事項の欄に、明記がない限り、訴訟、上訴、執行対応を含まないと記載する）

② 依頼者の利益と希望を考慮して弁護士は弁護活動を行うが、必ずしも、全て依頼者の希望どおりの主張と請求をするものではないこと

③ 依頼者との打ち合わせ、質問対応について、弁護士はできるだけ対応をするが、仮定に仮定を重ねる質問や、全リスクを洗い出す必要のあるような質問については、対応が困難であること

④ 依頼者は進捗確認をすることも可能だが、事件が長期間にわたって動かない可能性もあること

⑤ ④が長期化する場合、事件は終了し、一定の成功報酬が発生することもあること

⑥ 依頼者は、弁護士の質問に対して事実を正直に回答し、また、重要であると考える事情は、進んで話すこと

⑦ 以上についての違反に対しては、契約の解除が可能であること

⑧ 連絡は電子メールを基本とするが、メール送信、郵送をした場合、あらかじめ依頼者の伝えた場所に送った場合は、依頼者が受領したものとみなすこと

⑨ 依頼者は、資料収集、事情の説明に相当努力すること

⑩ 報酬に定めのない業務の部分については、廃止前弁護士会基準を用いること

⑪ 事件終了間際の解任については、弁護士は成功報酬を請求できること

⑫ 弁護士報酬と預り金とは、同額を相殺できること

⑬ 弁護士と依頼者と双方の守秘義務について

⑭ 弁護士の紙媒体の資料に関する処分権について

⑮ 専属的合意管轄の合意について

⑯ 暴排条項について

⑰　刑事事件においては、契約者、費用負担者ではなくて、被疑者・被告人の希望と利益を最重要視すること
⑱　見通しとして、請求が認められない場合等のリスク告知、コストについて説明すること
⑲　相手方の悪性の主張については限度があること
⑳　和解については、「説得」で実現することは難しく、損得の提案の問題であるということ

(3)　それぞれのねらい

上述した①～⑳のそれぞれの内容について説明します。

まず、①ですが、依頼者からすれば、事件はまるごとの単位で認識します。これは、当然のことです。病院に行けば、入院まで見据えてくれるとか、そういう期待をすることと同じようなものです。

しかし、これを明確にせずに、単に事件への対応としてしまうと、交渉だけではなくて裁判、執行などの問題についてまで、まるごと対応することになります。

そうするとキリがないですし、逆に、徹底的にやりたい、と依頼者が強い希望をもっている場合には、和解が成立しないなど、事件処理上の問題も生じます。

依頼者と弁護士の認識に齟齬があるケースの典型例ですので、疑問を払拭するような項目を定めておくとよいでしょう。

②ですが、特に新人の頃は悩むことが多い問題だと思います。

依頼者から「ガツンと言ってやってください！」と言われるままに強い言葉を使い、それで交渉がうまくいくなら最初から弁護士なんて不要です。しかし、依頼者からの希望ですので、反映させないのであれば、説明に苦労します。依頼者への説明・説得のスキルは、まさに弁護士の実務経験で身につけるしかありません。

私の経験上、まだ経験を積んでいないか、あるいは、OJTの機会が乏しかっ

たと思われる弁護士ほど、強い言葉を使う傾向にあるように感じています。

さて、このあたりの回避（説明を理解させ、依頼者の希望をスムーズに撤回してもらう）の仕方については、後述しますが、契約書に書いておくことで、釘を刺しておくことができます。

また、感情的な表現を使いたがるケースだけではなくて、相手方の悪性、事件と関係する相手方の「悪い」事情を主張させたがる、ということも頻出です。

裁判というのは、善い人を悪い人に勝たせる手続きではありません。原告の請求を基礎づける事実が存在する場合に、その請求を認める、という手続きです。

ただ、裁判ドラマの影響か、あるいは、「大岡裁き」を期待してのことか、法的権利を基礎づける事実よりも、「相手方はこんな（悪い）奴だとわかってほしい」という希望を受けることは、多々あります。

弁護士であれば経験があるでしょうが、争点や法的権利に関係のない、特に相手方の悪性を主張したがるケースは、たいていの場合は負け筋です。和解交渉の支障にもなりますし、裁判所の審理の妨げにもなり、なによりもプロとして恥ずかしい行為です。

弁護士は使者ではなく、代理人であり、依頼者からもある程度独立して裁量を持って業務を行う専門家である、このことをわかってもらうのは、依頼者と弁護士、双方のために大事なことです。

③について、不安の強い依頼者で、相手方への敵意が強く、高葛藤の案件であればあるほど、仮定に仮定を重ねた質問をしてくるのでキリがない、ということがあります。あらゆる可能性を網羅するとか、疑問に答えることは、そもそも物理的に無理ですので、その点を明らかにしたものです。

④については、本章❽でも指摘しましたが、事件が動かないこともあります。待たせる方にとってあっという間の期間でも、待つ方にとっては長く感じる、それも紛争の渦中にいる人にとってはなおさらです。ですから、こういう案内をしておくと効果的です。もっとも、本章❻ないし❽で述べたとお

り、動きがないことの連絡を定期的に入れることは、弁護士側で励行するべきです。

⑤については、本章❽で述べたとおりです。

⑥について、ほとんどの相談者、依頼者にとってはなんの関係もないし、当然のことなので、本当は加えるまでもありません。

しかし、特にインターネット経由の相談で多いのですが、不利な事実を不利な事実と知りながら、あえてそれを秘密にして相談し、依頼するケースがあります。

それは、次のような経緯で発生することが多いです。すなわち、相談者は多くの法律相談をはしごして、自分の案件は自分が勝つべきであると確信しているが、不利な事情があり、それが理由で厳しい見通しを告げられることを繰り返されています。なので、自分にとって不利な事情を熟知して、その事情を話すと受任してもらえなくなるので、意図的にその事情を秘密にして弁護士に受任してもらおうとする、ということです。

もちろん、そのようなことをしたところで、結果がよくなるわけではありません。ただ、この場合の依頼者の主観としては、どうしても受任してほしいと思っています。また、高葛藤の案件等で、とにかく自分が勝つべきである、正義は自分にある、と確信しているケースも少なくありません。

なので、受任してくれない弁護士たちに問題があるのであり、その「問題」を避けるために、大事な事情でも不利だと隠してまで、受任してもらおうと試みるわけです。

相続事件でより新しい不利な遺言が出てきたとか、あるいは、あるといっていた証拠がない、協力してくれる証人とは急に連絡がとれなくなった、そういう経験は、いわゆる町弁業務をしていれば、遭遇することはいくらでもあると思います。インターネットが発展した今、相談者が「賢く」事情を取捨選別して相談をすることが可能になりました。ですから、その点について特に留意する必要があります。

⑦は、それを理由に契約の解除を可能とするもので、釘を刺しておくとい

う効果が見込めます。

⑧についてですが、きちんと連絡をとれるようにする、というのは基本中の基本ですが、なかなかそれができない人もいます。なので、その点を明らかにして注意してもらう、ということです。

また、難しい決断を迫られたとき、なにか自分に都合の悪い事態になった場合に、そのタイミングで「携帯が壊れた」等と言って連絡がとれなくなるケースもあります。弁護士としては、そういう嘘をつかれても、それを非難したところで、事件処理のためにはなんにもなりません。ですから、連絡をとれない状態というのは、事件処理にとって致命的であることを認識してもらう、という趣旨です。

⑨は自分の事件であると自覚をしてもらうこと、⑩については、報酬の定めのない特別な処理が必要になった場合の備えですが、黙って請求するとトラブルになります。ですから、「追加で〇〇ということをすることになりました。基準によると費用は……です」と説明しやすくするためということになります。

⑪は、そもそも委任契約は解除が自由であるところ、その場合の成功報酬を担保するためのものです。報酬担保の観点からは⑫も大事で、特に刑事弁護においては、保釈金との相殺（精算）ができると合理的です。

⑬について、弁護士は当然に守秘義務を負担します。書くまでもありませんし、仮に弁護士の守秘義務を免除するという記載をしても、法的有効性は認められないでしょう。

問題は、依頼者の守秘義務です。これは、家族にも秘密にするとか、そういうものではなくて、ネット上で「弁護士に頼んだ」「〇〇やるぞ！」と、公言することを防ぐためです。

最近、ネット上で法的措置をとるぞとアピールすることが流行しています。これらは、潜在的な加害者を有効に抑制する、あるいは、法的措置の前に解決を目指して和解の申入れを受けられるなどのメリットもあります。

しかし、たいていの場合は、同時に他の加害行為を招くことになったりして、それがかえって別の紛争を招くこともあります。

また、それは相手方もみるわけですから手の内を知られることになります。そうなると、今後、守秘条項付で和解する場合に、交渉材料を捨てることになってしまいます。

私は、インターネット上の案件をよくやっていますが、たびたび、このようなケースを目にしています。たいていの場合、こちらにとって有利な事情になる「ありがたい」話なのですが、正義や公平の観点を鑑みるとどうなのかな、とも思います。

法的措置についての対外的アピールは、非常に難しい調整が必要な行為です。近時、記者会見を理由として弁護士とその依頼者が相手方に訴えられる、という事案も発生しています。弁護士だけではなくて、依頼者にもリスクがあるのです。

ですから、せめてインターネット上では公にしないなど、なんらかの秘密保全の措置を依頼者に対してとっておくべきでしょう。

⑭ですが、裁判外交渉にしろ、裁判にしろ、紙ベースの資料が出てくることがあります。最近は、原本保存の必要がなければスキャンしてPDFにして保存する弁護士も非常に増えてきています。

また、そもそも、民事裁判書類電子提出システム（mints）を使えば、そもそも紙がない、最初からPDFしかない、ということもあり得ます。

こういう場合、弁護士も依頼者も、なにがどこまで紙になっているか、なっていないか、なっていたけれども処分したか、把握することが難しくなります。

実際問題として、原本が問題にならないものについては、PDFにして処分ができれば便利です。したがって、それに備えた条項です。

なお、たまにあるトラブルで、辞任することになった、弁護士が解任された場合に、預かっている書類を全部返すときの事例があります。

もちろん、預かっている書類は全部返すのが当然ですが、取り外したステープラーの針、名刺、FAX出力されたもの、クリーンコピーなどなど、とにかく全てを執拗に要求し、少しでも不十分なら、それを理由に懲戒請求をちらつかせて、金銭の返還（支払い）を求めるというものです。

もちろん、預り品は適正に管理するべきですが、必要以上に預かるべきでもありません。そういう観点からの定めです。

⑮、⑯は、普通の契約で通常ある条項ですので、特に説明は不要であると思います。

⑰ですが、これは刑事弁護、少年付き添い事件で顕著なのですが、契約をした、お金を払った人物が、自分の意向に沿って弁護をしてほしい、と要求されることがしばしばあります。

弁護士としては、国選弁護で国がお金を出していても被疑者・被告人のため弁護することと同様に、親などが費用を払っていても、被疑者や少年のために、弁護をする義務があります。

ただ、中には、お金を出している、自分は本人を支援している、というような確固たる信念から、いろいろと弁護方針に介入し、あるいは守秘義務に含まれる事情について、さまざまな対応を求めてくる人もいます。

私選刑事弁護では頻出のトラブル、現象ですので、刑事事件においては、ぜひ、留意することをおすすめします。

⑱については、いわゆる難しい、見通しの厳しい事件、もっといえば筋の悪い事件について、弁護士であれば、入念に説明をする事項です。

もっとも、いくら打ち合わせで説明をしても、契約すると、「信頼しています！　なんとかやってください！　期待しています！」と、自分に都合の悪いことはすぐに忘れてしまう依頼者も存在します。

私は、見通しが厳しい、結果が期待できない事件についても、受任するメリットはありますし、むしろ、厳しいという理由だけで、受任を断るべきではないと思っています。

一見して見通しが厳しくても、紛争の途中で、思わぬ事情が明らかになって、見通しがよくなることもあります。

また、交渉次第で、こちらが不利であっても、ある程度、痛み分けか、それに近い解決も可能です。ですから、こういう案件を「筋の悪い事件」ということもありますが、それだけで忌避するべきではないと思います。

弁護士が受任しない場合、こういう案件については、本人訴訟になるケースもしばしばあります。ただ、弁護士が自分の事件については、自分でやらずに他の弁護士に依頼することも少なくないように、いかなる事件でも、第三者である弁護士が受任することは、本人に合理的かつ冷静な判断を促すうえで重要です。また、そのようなことが、依頼者の最終的な利益にもつながる、ということになります。

通常は、契約書にはこうした条項も入っていると思いますが、これについては、後述のとおり、特約事項とか、重要事項説明書として明らかにすることで、本人に自覚してもらい、トラブルを回避する有力な材料になります。

⑲は、意外と重要です。

裁判に対する信頼があるといいましょうか、あるいは、いわゆる公正世界仮説の問題かもしれませんが、とにかく、日本においては、少なからぬ人が「正しい人が裁判に勝つ」と信じています。

すなわち、弁護士に依頼する段階においては、「正しい人である自分が、裁判に勝つのは当然である」という思想に至ります。

そうなると、依頼者の自然な意識として、相手方が悪い、悪人であること、それを裁判所にわかってもらうことが大事であると勘違いすることがあります。

ですが、もちろん、民事訴訟においては、請求している権利の発生原因である事実が認定できるかどうか、これによって、判決の結論が決まってきます。

ですが、特に個人の依頼者の中には、自分が正しいこと、逆にいえば、相手方が間違っていること、もっといえば悪人であること、これが裁判の決定的な材料であると勘違いしている例があります。また、個人間の紛争であって高葛藤であるがゆえに、相手方が悪人であることについての主張・立証を執拗に求めることも、少なくありません。

このような行為は無意味ですし、裁判所に、「権利関係について、まともな証拠も主張もないので、仕方なく、相手の悪口でお茶を濁します」と言っているようなものです。これでは、勝てる裁判も勝つことができません。

したがって、相手が悪人であることの主張については、基本的に消極的であること、少なくとも、希望どおりの主張は難しいことを、契約書に明記しておくことは有益です。

相手方の悪性の主張に関してこれを断ると、「先生は、誰の味方ですか」と、トラブルになることがあります。そういうケースに備えて、できれば受任前の相談時に、裁判の手続きを説明する中で、悪性の主張というのは、基本的にデメリットしかないことについて、理解を求めておくことも重要です。

⑳について、これは、裁判の最終段階で重要です。

ご存じのとおり、日本の民事訴訟においては、裁判官が双方を仲裁して、それで、合理的な内容での和解を提案することが多くあります。

裁判になった以上は、判決になるまで一刀両断、最後まで戦う、というイメージが一般的ですが、実際は違うということです。この点は、相談者も理解できていないことがあるので、ぜひ、説明しておきましょう。

そして、和解についての打ち合わせとなると、お互いの条件のすりあわせが行われることになります。

和解については、請求原因事実に限定されませんので、お互いに、さまざまな条件が提案されます。お互いに正しいと思って裁判まで発展しているわけですから、条件について説得をすることは非常に難しいことです。

難しいだけならよいのですが、中には、「○○という理由があるから、相手方はこの和解案に合意するべき」と主張するケースがあります。

しかし、和解はそもそも、互譲と同意により、ある程度争点の決着については棚上げをして行うものです。仲直りというより、ある程度のところで手を打つ、いわば「手打ち」とでもいう行為です。

しかし、ここでかえって依頼者が「不合理に合理性にこだわる」状態となってしまう、つまり、（自分が正しいと考える）もっともな合理的な理由を提示して、「こちらは合理的な理由で提案しているのに、なぜ応じないのか」などと言って意見に固執することがあります。

また、逆に、相手方が和解案を呑まない場合、その理由を教えてほしがったり、あるいは理由を教えてもらっても、その理由は不合理であるといった疑義を呈したりして、和解の支障になることもしばしばあります。

もちろん、和解は弁護士の独断でできるものではありません。最終的には、依頼者と相手方の合意によるものです。

ただ、依頼者が、以上のような、いわば「不合理に合理性にこだわる」状態になってしまうと、紛争をいたずらに長引かせることになります。これは、依頼者にとって利益ではありません。それに、せっかく回避できるかもしれない判決のリスクを背負うことにもなります。

ですから、この和解の成立については、双方の利害からの手打ちに過ぎないこと、相手を説得するとか、理由を比べてこっちが合理的だから従えとか、そういう場ではないことをあらかじめ説明しておくことが大事です。

⑷ 記載方法の工夫

最後にこれらの具体的な記載方法ですが、条文に盛り込むのでもよいですが、中には、契約書をよく読まずに合意をしてしまう人もいます（弁護士も人のことをいえませんが）。

そうなってくると、せっかく契約書に書き込んだのに、注意事項をしっかりと認識してくれない、意識してくれないということになってしまいます。

もとより、法的効果に影響はありませんが、契約書に注意事項を記載するのは、法的効果を期待するだけではなくて、依頼者にそれを認識してもらい、注意をしてもらって、それでトラブルを防ぐことにあります。ですから、きちんと読んでくれないとあまり意味がない、ということになります。

それを防ぐ方法ですが、例えば、「特約条項」などと別立てにして注意事項を列挙するという方法があります。特約ですから、ゴシック体にするなど、目立つ記載にしてもよいでしょう。

また、記載の場所としては、契約書の当事者欄、署名欄の近くが適切です。そこだけは皆さんきちんと見ますので、一緒に目に入れてくれることになるからです。

さらに、特殊な事情のある案件、敗訴可能性が非常に高い原告側、法的措置がやぶ蛇になりそうな案件などについては、特に注意が必要です。そのリスクは、しっかりと書き込むべきですが、特に事件固有の高度のリスクについては、契約書以外に「重要事項説明書」「同意書」というように、別の書面を作成し、それに署名をもらうことも考えられます。

これは、署名する側にも抵抗があり、受任ができなくなる原因にもなりかねません。ただ、それだけに、しっかり注意事項を認識してもらうことができる方法です。

細かい工夫ですが、こういう工夫の積み重ねが「護身」につながります。また、こちらの労力もさほどかかりません。記載事項は、自分のこれまでの経験がフィードバックされていく（問題になりがちな点を記載するからです）ところでもあります。ぜひ、普段の事件処理で気がついたところがあれば、こまめに修正を検討しましょう。

私の経験でいうと、本章8で説明したような相手方からの放置に備えての事件の終結や報酬の定めは、事件処理の経験から記載するようになったものです。

同じく、他の弁護士の委任契約書、特にいわゆる町弁業務を多数扱っている弁護士の契約書は、学べる点も多いです。機会があれば、読んで学んでいきましょう。

COLUMN 電子契約でも委任契約書か？

弁護士には、弁護士職務基本規程上、次のような委任契約書の作成義務が定められています。

> 弁護士職務基本規程
> （委任契約書の作成）
> 第30条　弁護士は、事件を受任するに当たり、弁護士報酬に関する事項を含む委任契約書を作成しなければならない。ただし、委任契約書を作成することに困難な事由があるときは、その事由が止んだ後、これを作成する。
> 2　前項の規定にかかわらず、受任する事件が、法律相談、簡易な書面の作成又は顧問契約その他継続的な契約に基づくものであるときその他合理的な理由があるときは、委任契約書の作成を要しない。

要するに、法律相談であるとか、簡易なもの、あるいは顧問先でない限りは、委任契約書の作成が原則として必要である、ということになります。

そして、この委任契約書には、弁護士報酬に関する定めを置く必要があります。金額であるとか、成功報酬の発生原因、あるいは中途精算の定めなどです。

ところで、最近は、電子契約サービスが普及しています。署名押印をする代わりに、スマートフォンやPCなどの端末で、タッチ等の操作だけで契約書に調印をすることが可能です。

電子契約には、次のようなメリット、というよりも、通常の紙による契約のコストやリスクを避ける効果があります。

①　手間暇がかからない。紙の契約書は、印刷をして押印するだけではなくて、郵送の手間、返信用封筒の作成と添付の手間がかかるが、電子契

約にはそれがない

② 特に個人の依頼者は、弁護士名義の封筒の受領を避けたいことが多い。郵便局留めにするとか、個人名義の封筒を別に用意するなどの手間が求められる。しかし、電子契約は、メールで送るので、それがない

③ 個人情報の塊を、普段郵送しない先（裁判所ではなくて依頼者個人）に行うことになる。なので、同封間違えなどの事故が発生するリスクがある。電子契約でもそのリスクはあるが、すでに問い合わせを受け付け、メールで連絡をしている相手であれば、普段郵送しない先ということにはならない

④ 昨今の郵便事情に鑑み、延着の可能性もあるが、電子契約はメールなので、それがない

このようなメリットがあるので、できれば、電子契約サービスを利用するべきです。

もっとも、前述の弁護士職務基本規程30条の問題があります。つまり、このように電磁的方法により取り交わされた契約というのは、ここにいう委任契約書に該当するのかどうか、という問題です。

法令の用語の問題として、電磁的記録の場合は、書（面）と異なり、その旨特に述べられることが通常です。

そうすると、ここにいう「委任契約書」とは、素直に読めば、紙による契約書であると解釈するべきである、ということになります。

となると、電子契約の方法による委任契約書の作成、取り交わしでは、弁護士職務基本規程30条の要件を満たさない、違反するという解釈もあり得ると思われます。

しかしながら、２項では、「合理的な理由」があれば作成を省略できる、

とされています。

これは、私見ですが、紙の委任契約書と同じか、それ以上の信頼性、証拠価値のある委任契約書の電磁的記録を作成している場合は、この「合理的理由」に十分に該当すると判断します。

同30条の趣旨は、あくまで、弁護士と依頼者との間で、どのような合意が定められたのか、それを客観的な証拠にすることで、後日の紛争を避けることにあります。そうすると、電子契約の方法による委任契約書の作成でもその目的は達成できますし、むしろ、紙の委任契約書以上に、その目的を達成することができます。ですから、同30条１項が本来想定する紙の委任契約書を作成しない合理的な理由がある場合であるといって差し支えないと私は考えています。

この論法の弱点としては、同30条２項が、継続的契約など、そもそも委任契約書という合意の明確化の必要性が低いケースを例外として想定している一方で、電子契約は、合意は明確化されているが、代替方法である、という点です。

もっとも、あくまで想定は限定列挙ではなく、結局、合理的理由というのに足りる事情はありますので、結論は左右されるべきではないといえるでしょう。

さらに、弁護士職務基本規程82条には、次のような定めもあります。

> 弁護士職務基本規程
>
> （解釈適用指針）
>
> 第82条第１項　この規程は、弁護士の職務の多様性と個別性にかんがみ、その自由と独立を不当に侵すことのないよう、実質的に解釈し適用しなければならない。第５条の解釈適用に当たって、刑事弁護におい

COLUMN

ては、被疑者及び被告人の防御権並びに弁護人の弁護権を侵害することのないように留意しなければならない。

つまり、そもそも、弁護士の業務は多様なものがあり、個別性があるから、自由と独立を害さないように解釈適用しましょう、いやしくも、これを理由に弁護士の自由や独立を不当に制限することはあってはならない、ということです。

SNSをみているとしばしば感じることなのですが、弁護士は高度の職業倫理をもっており、それ自体は悪いことではないのですが、その倫理観ゆえに、「自分ではそういうことはしない」という事象と遭遇すると、とにかく、それは「けしからん」ということで、攻撃をする傾向があります。私も、Twitterで、とある反対意見をリツイートしただけで、「不適切です」というコメントや、長文のメッセージをもらって面食らったことがあります。

もっとも、弁護士というのは専門職で、その契約は委任契約で、本来は個別性や、広範な裁量が認められてしかるべきものです。

情報通信技術の進展、コロナ禍の問題、家族にもなるべく秘密にしたいプライバシーの存在など、最近の社会的情勢に鑑みれば、電子契約の方法による委任契約書の作成には、相当合理的な理由があります。また、これによる弊害も想定しがたいでしょう。

ですから、私としては、弁護士職務基本規程30条、82条のいずれの観点からも、これは適法だと考える次第です。

10 「しゃべりたい」依頼者に注意

弁護士としては、相談者、依頼者がきちんと事情を話してくれないということは、とても困るものです。

カードゲームであれば、相手の手札がわからない、予想をしないといけないというのはやむを得ないとはいえ、自分の手札すらわからない、あるいは、すり替えられていると、勝負になりません。

特に、依頼者にとって気後れするような事実は話すのを回避され、それが、後ほど、致命的な弱点として露呈することなどは、珍しいことではありません。

また、最初に重要かつ自己に不利な事情について、隠し、あるいは虚偽を伝えて相談しておいて、相談中や、受任後に「信頼して打ち明けるけど」といって、真実を伝えるというケースもあります。相手を信頼する前であれば平気で嘘をつくという時点で、そういう人の主張を裁判所に信じてもらうことは非常に難しいでしょう。ただ、その点は別としても、こういうケースでは、主張の変遷理由などを裁判所に認めてもらう、あるいは、弁護士方針の変更は、非常なエネルギーを費やし、事件本体の結果もよくないことが通常です。

さて、一方で、積極的に話してくれるという相談者もいます。

最近は、インターネットで問い合わせを受けることも可能になりました。今は、刑事施設に収容されている人などを除けば、最初が手紙での問い合わせというケースは、少ないのではないでしょうか。

大抵は電話か、メール（問い合わせフォーム）ですが、それには特有の問題があります。

メール（問い合わせフォーム）の場合、長文を記載することが可能です。また、メールに添付する、アップローダー（ここでは、ファイルのアップロード（預り）を受け付け、指定したリンク先を知っている人に限ってダウンロードによる提供を受け付けるサービス。ファイルに添付できないような巨大ファイルを相手に送る場合によく用いられる）を利用して資料ファイルを送ることも可能です。

こうなると、こちらとしては、助かりそうですが、分量が多いと検討することも大変です。また、そもそも、日本語として読むことが難しいような文章も多々あります。

こういう「しゃべりたい」相談者は、受任後は注意をしないとトラブルになる可能性が高いので、注意が必要です。私の経験上、相談者が「しゃべりたがる」原因や構造を検討すると、概ね、次の⑴～⑷のような事情があります。

⑴ 実は相談内容に虚偽があり、それを信じてもらいたがるケース

弁護士に問い合わせる人の中には、「瀬踏み」をする人も少ないですが存在します。

要するに、弁護士への問い合わせ、相談を通じて、自分の嘘のストーリーが通用するか、試してみよう、ということです。

嘘が露見しそうになると、「信用して話しますが」というように、これまで信用できなかったので嘘をついていました（！）というような流れで、真実を話してくれたりもします。

問い合わせが長文であり、あるいは、よく話したがるケースでは、その中に、問い合わせ者・相談者の渾身の自作ストーリーが込められていることもあります。

このようなケースで受任をすると、後で虚偽が明らかになり、依頼者の思う通りにいかなくなり、それが弁護士の責任に転嫁されて問題になるということがあり得ます。

また、勝てる見込みで報酬設定をしたら、それが空振りになることもあります。

私は、独立当初、完全成功報酬制で事件を受けることも多々あったのですが、いざ必要な段階になると決定的な証拠がなくなるとか、証人と連絡がとれなくなるとか、そういうケースがしばしばありました。

もちろん、虚偽を見抜いて相談者に真実を話してもらう、ということも大事です。しかし、そういう行為は、相談者の逆恨みを買うリスクもあります。

詳しい話をしたがるが、なにかひっかかるところがある場合には、慎重に相談に対応し、報酬設定にも工夫（成功報酬の割合を下げるなど）をするべきです。

(2) 自分の正しさに強い確信があるが、弁護士に同意してもらえなかったケース

法的紛争というのは、双方自分が正しいと多かれ少なかれ思っています。また、それは、基本的には正しい部分もあります。どちらか一方が100％間違っているとか、正しいとか、そういうことは珍しいことです。

もっとも、これはやむを得ないことなのですが、相談者の中には、自分の正しさに極めて強い確信を抱いているケースがあります。もっとも、他の弁護士に相談をする中で、自分の正しさが理解されない、同意してもらえない、という経験をすることがあります。

そうなると、自らの正しさを理解してもらうために、非常に大量の文書や資料を最初に送ってくる、あるいは、弁護士の質問とは無関係に、とにかく全部の説明をしたがるという傾向が出ます。

ただ、紛争を扱っていればわかることですが、片方が一方的に正しい、間違っているという案件は、そうそうありません。したがって、こちらにも不利な事情があるので、その点について説明をしないといけない、和解交渉で譲歩の必要もある、ということを話すと、それが依頼者とのトラブルにつながることもあります。

こういったケースでは、受任するべきではない、とまでは言いませんが、不利な点もあるということやその依頼者にも問題があろうことについてはしっかりと理解してもらい、契約書や別の合意書でその点について同意をしてもらうことが必要でしょう。

弁護士にとって、実は「正しさを確信している依頼者」ほど恐ろしいもの

は、そうそうないのです。

⑶　自分は正しくないが、相手方に問題があるので、自分の意見がより優先されるべきであると考えているケース

送られてきた資料や文書が多いというケースの中でも、その資料の大部分が事件本体ではなくて、双方の属人的な事情、特に相手方の悪性についての主張であるケースは、このパターンが多いです。

交渉は、裁判になれば最終的にどうなるか、どういう見込みか、ということを大前提として行われます。そして、裁判においては、請求を基礎づける事実の証明ができるかどうか、ということで勝負が決まります。

交渉は裁判でどうなるか、その見込みを前提として行うのですから、どんな事件でも、裁判でどうなるか、ということが重要な事情となります。

そして、その裁判でどうなるか、勝敗を決めるにあたっては、貸した金を返せ、という請求においては、お金を貸した、という事実が証明できるかどうかが問題となります。

私たち法律家にとっては当然のことです。そして、依頼者も、裁判での議論のやり方、勝敗の決め方について概ねは理解しています。しかし、紛争の当事者となると、そこまで合理的・理性的に理解ができるとは限りません。

特に個人間の紛争は高葛藤であることも多く、本来、お金のやり取りや、それを推認させるような事情が大事であるにもかかわらず、いかに相手方が悪人であるか、嫌われ者であるか、ひたすら人格攻撃をする、悪性格を証明できる事情を話そうとするケースも、時々目にします。

このようなケースで気をつけなければいけないのは、大抵のケースでは、相手方の悪性格を主張するのみではかなり筋が悪いことが多く、勝てる見込みが微妙であるということです。

基本的に、請求を通すための事実がしっかりとしていれば、あえて、相手方を悪人に仕立て上げる必要がありません。証拠がないので情に訴えようとしているか、あるいは、フィクションの影響で悪い奴こそが裁判に負けるべ

き、と思い込んでいる可能性もあります。

また、実は請求自体に根拠がなく、相談者もそれは知っている、だが、なにかの理由で怨恨があり、その仕返しをするために請求を検討している、ということすらあります。ですから、こういう案件においては、見通しは厳しいものがあることを想定して対応するべきです。

次に、そういう、相手方を非難する主張はしても意味がないこと、もちろん、事件の争点にしっかりと関係があればよいが、関係のない非難内容についてはかえってこちらのマイナスになりかねず、裁判所から、証拠が不十分だからそういう主張をしているのだろうと見透かされるだけである、ということは受任前に理解してもらう必要があります。

また、これは、契約書の特約事項にもしっかりと書いておくべきでしょう。こういう悪性格の主張・立証に依頼者が拘泥すると、希望を出された場合の検討、主張が不要であることの説明、そうした要望を断ることなど、そもそも事件処理にとって全く役に立たないことに膨大な時間を奪われることになります。依頼者の希望は、裁判の結果においても、裁判時に弁護士から出される主張においても、どちらも十分かなえられず、誰のためにもならない、ということになってしまいます。

⑷ 他者の時間や労力に対する理解が不十分であるケース

個人事業主、特に士業は、時間を切り売りする傾向のある仕事です。

弁護士の報酬のとり方として、タイムチャージ制はなんら珍しいものではありません。最初の相談について無料にするケースもありますが、それも限定的ですし、最初の相談からしっかりと報酬をとるケースも多いです。また、そもそも無料相談であっても、相談者以外から報酬が出ているケースもあります。

しかし、他の職業、特に、一般市民が通常、消費者として触れる商品、サービスはそうではありません。例えば、お店の人にお勧めを聞くことや、車のディーラーと新車購入の相談をすることは、いずれも別に費用がかかるものではありません。

この差はどこからくるのか、という話は本書のテーマを外れますが、要するに、相談そのものがメインのサービスであるかどうか、という点が原因でしょう。

さて、このような事情ゆえに、一般市民が弁護士に相談する場合、相談料は無料で当然と思うケースはたまにあります。それだけではなくて、相談という形式であれば、弁護士は、基本的に無制限に時間を使ってくれる、そこまでいかなくても、自分の資料を読んで検討するのに時間はかからないはず等と思っていることがあります。

要するに、弁護士の時間や労力について理解が不十分であり、無頓着ということです。

こういうケースでは、弁護士からのレスポンスがすぐに返ってこないと機嫌を損ねる、あるいは、仮定に仮定を重ねた質問についても弁護士は全て答えてくれる、と考えていることが多いです。

特に山ほど情報と質問を弁護士に送っておいて、少しでも回答に漏れがあったり、あるいは「あらゆる将来像や法律手段について網羅的な回答」がなかったりすると、それは不十分であり弁護士に責任がある、と主張しがちでもあります。

もちろん、逆に考えると事件処理に協力的であるともいえますが、往々にして、弁護士が求める資料や情報は出してくれずに、自分が話したいことだけに集中するケースが多いです。

このような依頼者については、弁護士といえども、無限の時間や能力があるわけではない、結果の想定や、考慮する、利用する証拠や主張についても限度があること、「やれること、できることはなんでも」には限りがあること、「限界」をしっかりと説明しておくことが重要です。

また、これは、(1)〜(4)のいずれのしゃべりたがる相談者・依頼者に共通して理解してもらいたいことですが、弁護士との契約は委任契約であり、弁護士がいつ、なにをするかについては弁護士自身に裁量があることも納得してもらう必要があります。

このような依頼者への説明のコツですが、わかりやすいのは、医療をたとえに出すことでしょう。

医師といえども、患者の希望する治療方法を必ず行うものではない、投薬についても、注文どおり薬を出す、ということもできない、そもそも手術中にいちいち聞きながら進めることはしないで、現場判断で進める、それと弁護士の事件処理も同じである、ということです。

医療や医師をたとえに出すことは、通常、弁護士よりもはるかに身近な職業ですので、かなり理解が得られやすいです。

11 依頼者になる前にこそ注意

依頼者になる前も注意が必要です。というのも、これまで説明した注意点は、依頼者になる前の段階でも全て当てはまります。

弁護士は、依頼の諾否の自由があります。これは、他の士業とは異なる点です。

例えば、司法書士についていうと、次のような定めが司法書士法にあります。

> 司法書士法
>
> （依頼に応ずる義務）
>
> 第21条　司法書士は、正当な事由がある場合でなければ依頼（簡裁訴訟代理等関係業務に関するものを除く。）を拒むことができない。

また、行政書士についても同様の義務があります（行政書士法11条）。

さらに、士業だけではなくて、医師にも、次のような定めが医師法にあり、しばしば、いわゆるクレーマー的な患者との関係で問題となります。

> 医師法
> （診療に応ずる義務等）
> 第19条第１項　診療に従事する医師は、診察治療の求があつた場合には、正当な事由がなければ、これを拒んではならない。

一方で、弁護士法には、そのような定めはありません。一応、職務を義務づける定めは次のようなものがありますが、依頼者が限定されています。

> 弁護士法
> （委嘱事項等を行う義務）
> 第24条　弁護士は、正当の理由がなければ、法令により官公署の委嘱した事項及び会則の定めるところにより所属弁護士会又は日本弁護士連合会の指定した事項を行うことを辞することができない。

それどころか、安易に受任することを戒めるような定めすらあります。

> 弁護士職務基本規程
> （依頼者との関係における自由と独立）
> 第20条　弁護士は、事件の受任及び処理に当たり、自由かつ独立の立場を保持するように努める。

このような定めがある趣旨ですが、弁護士は職務性質上、高度の独立性が要求されていることが代表的な理由でしょう。

また、紛争を扱うという職務の性質から、紛争で二人三脚となって一緒に「戦う」ためには、信頼関係を構築維持できるか、その判断を受任する弁護士に委ねて、それが難しいケースは受任しないのが適切であるとの考えも背景にあると思います。

これについてわかりやすいのは、司法書士法の定めです。先に引用した司法書士法21条の括弧書きには、「(簡裁訴訟代理等関係業務に関するものを除く。)」という記載があります。簡裁訴訟代理等関係業務というのは、簡裁の管轄に属する民事紛争について、裁判内外で代理する業務ですが、これはまさに紛争に直接関与する業務です。紛争案件については、依頼者と信頼関係を構築維持できることが必須です。なので、原則として受任義務のある司法書士であっても、簡裁訴訟代理等関係業務だけは例外として、諾否の自由を定めたものであると理解できます。

依頼者にとって、多くの場合、弁護士に依頼することは一大事です。しかし、弁護士にとっても依頼を受けることは一大事であると心得るべきです。

依頼を一度受けた場合、辞任をすることは難しいです。着手金を返金しないといけないという経済的な問題はもちろんですが､それ以外にもあります。そもそも、依頼者に損害を与えるわけにはいかない、そうなった場合は弁護士の責任となりかねない、という事情があります。

辞任にまでなった案件については、依頼者との関係に大きな問題が生じているのが通常です。そのように対立が明らかになっている相手（依頼者）からは、仮に辞任で損害が生じれば、責任追及されかねない、ということは、容易に想像できることです。

「弁護士の辞任」については、辞任しなければならない依頼者ほど、辞任によるリスクが高い、ということがいえます。辞任したい依頼者ほど、辞任せずに済むように算段を練る必要があります。

もちろん、これまで解説してきたように、依頼者対応を工夫して、トラブルを回避することが大事です。もっとも、リスクのある依頼者について、受任を回避することができれば、それに越したことはありません。

そこで、ここでは、受任を回避すべきような事情について、解説します。

⑴　とにかく、見積りを聞き出したい、受任を急かすケース

このようなケースは、ハイリスクです。なぜなら、依頼者が緊急事態にお

いて、どうしたらよいか、どういう選択肢があるか、それを急いで聞き出したい、これは誠に合理的で、なんら問題がありません。緊急事態において、どうしたらよいか不安になり、早くそれについて答えを聞きたい、選択肢をもらいたい、これは誰でも気になることであって、全く普通のことだからです。

問題は、依頼の受任や、見積りを出すことを、強く急かすケースです。

弁護士に依頼するということは、基本的に依頼者にとって一大事です。ですが、お金を払うことや依頼の受任まで急ぐことは、やや飛躍があります。通常であれば、なかなかないことであって、この時点で、通常ではない事情がある、注意をするべき依頼者であるということがいえます。

私の経験上、受任を急かすケースは、他の弁護士に断られたケース、あるいは、これまで弁護士に依頼したことがあるが、トラブルになったことがある、というケースが多いです。

弁護士に受任してもらいにくい事情がある、つまり、要求が過大とか、処理に通常以上の労力がかかるとか、弁護士とのコミュニケーション一般に問題を抱えているとか、そういう事情です。

こういうケースでは、とにかく、すぐにお金を払うということを強調します。すぐにお金を払うのは、プロに案件を依頼する場合の心得としては、むしろ、適切な振る舞いのようにみえるかもしれません。

しかし、そもそも、ほとんどの人にとって弁護士に依頼するということは、滅多にない一大事です。そうでなくても、案件の個別性があまりに高いので、見積りを出してもらわないことには、どれくらいの金額がかかるのか、見通しをつけることもできません。

そうすると、それらがわからない段階から、すぐに支払いをすることを強調して受任を急かす行為は、「金をすぐ出すから言うこと聞け」というのに近いと指摘せざるを得ません。

また、こういうケースでは、金銭の支払者の立場なら、基本的に自分の要求は通る、弁護士であっても報酬を受け取った以上は、裁量がない、と思い込みがちな傾向があります。

さらに、十分に相談を進める前から受任を急かすのは、他の弁護士に断られたことがあった、断られる理由がどこかに潜んでいる可能性があります。

私の経験上も、ほとんど話を聞く前から「すぐにお金を払うので受任してほしい」と言われるケースでは、普通の弁護士であれば受任を拒む事情にかなりの確率で遭遇しています。例えば、説明内容が変遷する、専ら相手方への復讐感情を満たすためだけに法的手段を利用しようとしているとか、そういうことです。

もっとも、このケースは、じっくりと相談をして、双方クールダウンのための時間をとってから受任したり、結果は保証できないこと、手段についても弁護士に一任が必要であること、専門家の裁量についての説明をしたりすれば、トラブルなく受任して処理できるケースも多いです。

このタイプは無茶な要求をしてくる可能性が高い一方で、話が通じないというケースは少なく、通常は合理的な議論ができます。そういうことができれば、受任しても差し支えないでしょう。逆に、そうでないのであれば、受任をするべきではありません。

(2) 自分が２人目以降の弁護士であったケース

前にも弁護士に依頼しており、なんらかの事情で解任したとか、あるいは辞任されたというケースは、これは受任する前に特に注意が必要なケースの典型です。

もちろん、繰り返しになりますが、弁護士と依頼者は事件処理のために二人三脚で進んでいかなければなりません。そのためには、息を合わせないといけない、具体的には、相互理解と信頼が必要です。

こういう関係が成立しないのは、依頼者に問題があるだけではなく、もちろん弁護士にも問題があるケースは少なくはありません。

また、依頼者と弁護士の双方になんら問題はないが、いわば「相性」の問題でうまくいかないこともあり得ます。

ですから、話を聞いて、弁護士交代の理由をよく分析したうえで、慎重に受任の可否を決するべきでしょう。

前の弁護士との関係について、前の弁護士に問題や原因があるかどうか、一方の言い分だけでは判断は難しいので、なるべく前の弁護士が作成した書面などを確認しながら、よく検討しましょう。

具体的には、しっかりと書面が提出されており、報告が繰り返されていれば、中身の処理も問題がなく、弁護士に問題がないというケースが多いです。一方で、依頼者が、とにかく弁護士の処理方針ではなくて人格を攻撃する、「強気」「弱気」という話をするようであれば、逆に依頼者に問題がありそうである、というのが、私の経験上の見解です。

もっとも、仮に前任の弁護士に問題があるケースであっても、それでも受任には通常よりもさらに慎重になるべきです。

最初に事件処理面においては方針変更の可能性もあるが、基本的には弁護士の裁量であるということ、これまでの事件処理を再検討するので、特別に引き継ぎだから費用が安くなるわけではないことは、きちんと説明しておきましょう。また、これまでに不利な事実を述べるといった失点があった場合には回復が難しいこともある、と伝えることも大事です。前任の弁護士から切り替えるので、想像以上に依頼者のこちらに対する期待値が上がってしまっていることもあるからです。

加えて、これらについて納得が得られたとしても、それでも注意するべきケースであることは変わりません。というのも、これは弁護士の側が反省するべき点ですが、通常の依頼者は、弁護士に不満や問題があっても、実際に解任して交代させることは滅多にありません。

弁護士に依頼すること自体が滅多にない、弁護士の知り合いもそうそういない中で、弁護士を交代させることは相当に勇気のあることです。これは、弁護士に問題がある場合でも同じです。実際問題として、弁護士会の市民相談（苦情相談）においては、自分の相談は担当弁護士には秘密にしてほしい、という希望が少なくないそうです。

一般の依頼者にとって、弁護士の交代は大変なことであり、できれば避けたいことになります。弁護士と決裂することについて、おそれを抱いているともいえます。

このような背景がある中で、それでもあえて弁護士を交代する依頼者というのは、（その善し悪しは別として）自己主張が強く、弁護士との対立をいとわない傾向があるといえます。

したがって、受任に際しては慎重に自分との相性、方針設定の納得を得られるか、そしてなによりも受任後のきめ細やかなフォローをすることを他の依頼者よりさらに強く意識をするべきです。

⑶ 事情を話したがらないケース、法律相談、問い合わせについて、質問と説明を自ら限定することにこだわるケース

法律相談は「相談」をするものです。普通は法律質問とはいいません。

これは、法律相談においては質問に答えるというだけではなくて、詳しい事情を積極的にこちらから聞き出し、そのうえで、最適な判断を提供する必要があるからです。

しかし、問い合わせ段階や相談時において、こちらの質問に答えたがらないことや、自分が進んで述べた内容以外は回答の基礎にしないでほしい、もう質問と説明は用意してあるから、その回答「だけ」してほしいといった要望を受けること、メールでのやりとりを希望されることがあります。

これは⑴とも重なるのですが、たくさんの法律相談をはしごして自分に都合のよい結論について弁護士のお墨付きだけほしいケースが考えられます。

また、事件を依頼する場合でも、とにかく弁護士には言われたことだけやってほしい、（依頼者からみて）余計なことはしないでほしい、聞かないでほしい、いわば弁護士はただの手足として動いてほしいという希望を持っていることが考えられます。

このようなケースでは、もちろん、本人が話そうとしない事実に限って不利な事実であることがほとんどです。そもそも相談者は、複数の法律相談を

はしごして、その不利なポイントを熟知しているので、それらをごまかしながら話すという、誰のためにならない（！）スキルを身につけてしまうことが多いです。

最終的にそれで悪い結果となってしまい、（聞いても教えてくれないのに）詳しく話を聞いてくれなかったから負けた、といった苦情の原因になります。

また、このように、弁護士に与える情報を自分が決める、弁護士がやることも自分で決める、という人は、処理方法や要求内容が不当であったり、もっぱら相手方に苦痛を与えることだけを目的にしたりすることもあります。弁護士は、依頼者の希望であっても、不当な請求や処理方法を用いることはできません。

弁護士職務基本規程には、次のような定めがあります。

> 弁護士職務基本規程
>
> （依頼者との関係における自由と独立）
>
> 第20条　弁護士は、事件の受任及び処理に当たり、自由かつ独立の立場を保持するように努める。
>
> （正当な利益の実現）
>
> 第21条　弁護士は、良心に従い、依頼者の権利及び正当な利益を実現するように努める。
>
> （不当な事件の受任）
>
> 第31条　弁護士は、依頼の目的又は事件処理の方法が明らかに不当な事件を受任してはならない。

つまり、依頼者との関係においても独立は要求されています。依頼者の言いなりということは、弁護士倫理に反する、ということです。これは、弁護士が偉いとかそういう問題ではありません。依頼者の代理人であるが、専門家、法曹としての倫理を守ること、それが最終的に依頼者の権利利益につながり、あるいは、社会正義にも合致するであろう、ということです。

そのうえで、良心に従って、依頼者の権利と正当な利益の実現に努力するべきであるとされています。

とるべき手段が限定されてしまえば、十分に権利利益を実現できません。また、手段と情報が十分与えられていないと、そもそも、実現しようとしている利益が正当であるかどうかはわかりません。真実に反する主張をして相手方に苦痛を与えることに弁護士が法的手段で協力させられてしまう場合もある、ということです。

(4) 相手方の悪性格に関する主張をしたがり、制裁や「懲らしめ」にこだわるケース

これについては本章10 (3)でも触れましたが、相手方の悪性を主張するケースは非常に注意が必要です。

当然のことながら、紛争においては、双方自分が正しいと思っています。もっとも、裁判は正しさを決める手続きではなくて、主張する権利が認められるかどうか、それを、その権利の発生原因事実の有無等により確定する手続きです。

このようなケースでは、正しい自分が勝つことが当然であり、そうではない場合は正しくない、どこかに原因がある、それは基本的に弁護士のせいだ、というようなロジックに陥りがちです。

加えて、相手方の悪性格であるとか、単に相手方に苦痛を与えることだけを目的とする法的手段の利用を強く希望し、和解条件等でも、不合理な苦痛を与える条項の維持にこだわったりします。

紛争というものの葛藤の高さに鑑みれば、こういう気持ちはよくわかります。

ですが、最終的には本人の利益になりませんし、逆恨みを買う可能性が非常に高い類型でもあります。

こういうケースにおいては、法的手段、裁判制度は、基本的に善悪の決定作業ではないこと、真実の解明作業ですらなく、権利義務の問題であること、

それを超えた部分は、結果としてついてくることはあるが、善悪や制裁の問題を裁判の主目的にすることは困難であるし、かえって自分の不利益になること、この点は依頼者に説明して納得させるべきです。

自分が復讐感情、加害感情にとらわれていること、それは、決して自分のためにならず、かえって、大嫌いな相手を喜ばせる結果になりかねない、という筋で説明をすれば、理解は得やすいです。

逆に、それでも納得しないのであれば、もはや弁護士の助力を得ることが難しいと伝えた方がよく、受任はするべきではありません。

(5) 不利な事情を露骨に話したがらないケース

弁護士に相談するまでに、裁判をする、あるいは裁判を検討する程度の紛争というのは、どちらかが全面的に正しいということはさほど多くありません。

むしろ、こじれていて、お互いの葛藤が強いほど、「自分は100%正しい」と確信している一方で、実際の事件は、双方にはそれなりに合理的な言い分、事情があるものです。

裁判というのは、自分に不利な事情を積極的に述べる必要はありません。弁護士には消極的真実義務があります。それによれば、虚偽の証拠と知っていながら提出することや、積極的に真実を曲げることは許されません。しかし、それは、不利な事実を自ら明らかにすることまでは求められるというものではありません。

依頼者の言い分を分析し、不利な事情については、それをあえて存在しないとして虚偽を主張することは許されないまでも、積極的に主張しない、明らかにしない、という事件処理の方針はなんら問題がありません。むしろ、積極的に不利な事情を明らかにしてしまうと、その方が依頼者との関係で、弁護士倫理に違反する、ということになりかねないでしょう。

ただ、弁護士は不利な事情をあえて主張する義務はない、ということと、不利な事情を知らなくてもよい、ということは、全く別の問題です。

仮に、不利な事情であるとしても、弁護士はきちんと依頼者から聞き出しておくべきです。なぜそうする必要があるかというと、不利な事情があれば、それが不利であればあるほど、相手方から指摘される可能性、指摘された場合のリスクが大きいからです。

弁護士としては、そうした事情も把握して、その事情のせいで裁判に負けるかもしれないという見通しの説明に利用しなければなりません。自分にとって不利な事情を知ることは、正確な見通しを立てるうえで非常に重要です。

また、不利な事情は、相手方が知っている可能性があります。したがって、それを指摘された場合に備えて、なんらかの反論、対応について検討しておく必要もあります。

有利な事情だけを聞いて、交渉や裁判に突入すると、たびたび足をすくわれることになり、これでは、依頼の目的を達成することはできません。

ところが、やっかいなのが、相談者が必ずしも不利な事情を話してくれるとは限らない、ということです。

相談者、特に自分の言い分が通るべきである、それが「正義」であると確信している相談者ほど、その傾向は強いです。自分は正しいのであるから、正しい裁判であれば勝つ、と思っている場合は、自分にとっての正しい証拠だけが必要であり、それ以外すなわち自分にとって不利な証拠は不要であると思っています。

加えて、複数の弁護士に相談をしている場合に顕著なのが、自分が不利なポイントを熟知しているという点です。

自分が正しい、だから勝つはずである、そうではない答えは間違いであり、この不利な事情を伝えると弁護士は間違った答えを言う、だから、言いたくない、ということはよくあります。複数の弁護士に相談をしている場合、これは、どの相談者でもそうですが、とにかく、不利な部分を話してくれないというリスクには、常に留意が必要です。

そして、このような不利な部分、例えば、お金を渡したのにどうして領収書などを確保しなかったのか、なぜ、記録を全部処分したのか、といった、相手の弁護士であれば当然に指摘してくる点について尋ねると、途端に不機嫌になるケースがあります。

不利な事情を露骨に話したがらない相談者は、「弁護士は、こっちが必要だと思うことだけ知っていればよい。弁護士は、自分の指示どおりに動けばよい」と思い込んでいる可能性が非常に高いです。

こういうケースでは、本人の利益にもなりません。不利な事情でも、どうにか手当のしようがある、説明のしようがあるのに、事前に知らせてもらえないと、そういう対策を練ることができません。ですから、結局、相談者本人のためになりません。

また、弁護士としても、不本意な結果に終わった場合、それは弁護士のせいであるといわれるリスクが高くなります。あるいは、「ちゃんとしっかりと聞いてくれたら、不利な事情も話したのに、聞いてくれなかったから話さなかっただけだ。だから、悪いのは弁護士である」というように責任転嫁をされてしまうリスクがあります。

ですから、不利な事情について、あるいは、不自然な点について指摘して、露骨にそのことを話したがらない、あるいは不機嫌になる相談者には注意をするべきです。

そのうえで、不利な事情も全部把握する必要があること、それが、最終的にこちらのためになること、それらを弁護士が知らないままでいると、こちらはともかく、相手方の弁護士や裁判所は疑問に思い、負けてしまう可能性が高くなることを説明したうえで、「不利な、意に沿わない事情も聞くのは、なによりもあなた（相談者）のためである」と、しっかりと伝えるべきです。

これについても相談者の納得がいかないようであれば、受任を避けるべきでしょう。

なお、逆に、こういう不利な事情もしっかりと話してくれる、さらに、進んで自分にとって不利な事情も話してくれるということは、こちらに対する信頼の証しでもあります。そういうケースでは、事件をスムーズに進めることができます。

また、不利な事情を、避けることなく、言葉をはぐらかさずにはっきりと答えるケースでは、依頼者は真実、記憶どおりのことをしゃべっており、かつ、それを裁判所にも理解してもらえる可能性が高いです。

私の経験上も、証拠関係が不利であるにもかかわらず、よい結果が裁判で残せたケースは、「不利な事情を堂々と明瞭に答える」人が依頼者であったケースが大半です。

不利な事情について話してくれる、質問に答えてくれるかどうか、これは、その受任後に依頼者と良好な関係を築くためには、とても大事なことです。

⑹ 個人情報を隠したがる、ニックネームで問い合わせる等の、社会運動の一部としてのケース

問い合わせ時点で、名前を「匿名希望」とする方は、たまにいらっしゃいます。

また、住所や電話番号などの情報も明らかにしたがらない、というケースもあります。

これについての対応は、私の経験上、定石が決まっており、「隠したまま話を進ませない」「きちんと確認する」「特に氏名住所や電話番号等の個人情報は利益相反の確認に必要で、未確認のままだと相談できないし、相談者に不利益があるかもしれない」「話してもらえない場合は、相談を打ち切る」ということです。

そもそもの問題として、利益相反等の問題がありますので、確認することは弁護士の義務です。また、こちらは氏名を明らかにしていますので、それに対して、ニックネームで問い合わせるのは、少し常識を疑う振る舞いです。

私も、例えば、「悪魔の断罪者†」とか、ゲームや漫画に出てきそうな名前を名乗ってインターネット上の問い合わせを受けた、ということが何回かあります。

いずれも、まずは、きちんと住所氏名や電話番号を確認し、そのうえで、相談を受けることにしています。

これまで解説してきたとおり、重要な情報を隠したがる相談者は、特に相談者自身にとって不利な情報を隠していることが多く、それは、弁護士の見通しや判断の間違いを誘導し、事後的なトラブルにつながりやすいです。特に、事情を隠す人ほど、自分が正しいと思い込んでおり、自分の言い分が通るのは当然であるという確信を抱いていますので、なおさらです。

このようなケースでは、いろいろなところに問い合わせを繰り返していたり、弁護士の回答の中で都合のよい部分を、自分は匿名、弁護士は実名で掲載して、なんらかの社会運動であるとか、嫌がらせに利用したりするケースが少なくありません。

このケースに限りませんが、最初の問い合わせにおいては、素朴な直感が非常に大事です。これは、時間とともに身につけていくものですが、とにかく、違和感を覚えたら一歩引く勇気が弁護士には必要です。

実名を出している弁護士に、名乗りもせず、偽名を出すのは、どう考えても非常識な話です。ですから、こういう問い合わせにおいて覚える違和感は正しく、距離を置くべきです。

その他、実名等を記載していても、社会運動の一部としてなにかをやっている、ということで、それへの参加に誘導するような問い合わせもあります。

私は、インターネット上のトラブルをよく扱っているのですが、ある特定人に対して炎上（非難の集中）が起きている場合に、その特定人が法的措置を予告したり、実行したりしているケースに遭遇することはよくあります。

そうなると、炎上している当事者 vs. 批判している人という戦いの構図になるのですが、この後者の人たちが問い合わせてくることがあります。

もちろん、それ自体には問題はありません。

ですが、個別に法的措置をとられたことへの対応を依頼するのであればともかく、「この人（炎上の当事者）は酷いと思わないですか？」「この人やその弁護士に法的問題があると思いませんか？」というように、代理しての弁護を頼むのではなくて、同じく、その人を非難する言質をとろうとするケースが非常に多いです。

不用意に回答すると、「〇〇弁護士も認めた！！」ということで、自分が、そういう社会運動や炎上の諍いの駒に使われてしまうことになりかねません。

こういう問い合わせへの対応のコツについては、以下のとおりです。

①　１対１での法律相談を最初に行う

②　真剣に相談を望むかどうか、有料相談など若干のハードルを設ける

③　具体的に個人を代理して、法的措置に対抗する、という処理方針であることを強調する

④　こちらから弁護士名でなにか発信するとか、集団を弁護するという依頼には応じない（あくまで、個別に相談して個別に代理し、個別の問題への対応だけを行う、という立場を堅持する）

最初からそういう社会運動や炎上に巻き込むことしか考えていない、というケースでは、こういう対処をすることで、受任をすることはなくなります。

もっとも、中には、訴えられるかもしれないという不安からか、このような巻き込みを企んでいるというケースもあります。そうしたケースでは以上のように、つまり、個別の問題について個別の代理をする、ということが、本人にとって基本的には最適である、と丁寧に説明をすれば納得をしてもらえて、受任できることも多々あります。

一種の集団催眠にかかっているような状態の人を、そこから助け出し、正常な法的手続きに載せて、自分の権利を守れるようにする、ということは、公益性が高いだけではなくて、弁護士の腕の見せどころだと思っています。

COLUMN／相談者の気になる言葉

弁護士の間でしばしば話題になることです。

通常、相談者は、私たち弁護士のことを「○○先生」と呼びます。他士業や医師等と同じく、普通は「先生」呼びをします。また、私たち弁護士同士においても、「先生」と呼び合うことが通常です（名前を忘れても、「先生」といえば済む、という思わぬメリットもあります）。

ところが、相談者の中には、「○○弁護士」とか、「○○さん」、あるいは依頼することを、「弁護士を雇う」と表現される方がいらっしゃいます。

最初に、このコラムの前提というか、取扱い範囲をいうと、別に、この呼び方が失礼であるとか、こういう無礼な相談者は避けるべきとか、礼節のことは一切問題にしていません。別に私も、こういう言い方が失礼であるとは思いません。こういう呼び方をされたこと自体で、受任を断るとか、そういうことは、考えもしないことです。

まず、「○○弁護士」というのは、通常はそういう呼び方はしないということを相談者が知らないだけで、ひょっとしたら、こちらが「先生」呼びよりももっと丁寧であると思ってのことかもしれません。したがって、別にこの言い方は、問題であるとか、こういう言い方をする相談者について特に注意をするようなことはありません。

問題は、「○○さん」という呼び方です。他の弁護士とも議論したことがあったのですが、こういう呼ばれ方をされて、別に、嫌な気持ちには一切ならないし、弁護士を「先生」呼びしないといけない、それがマナーであるとも思わない、そういうことでは意見が概ね一致しました。

もっとも、それでも、こういう呼び方をする人からの受任には、基本的に慎重になる、ということでも意見が一致しました。

これは、「○○さん」呼びが不愉快であるとか、失礼だとか、そういうことが原因ではありません。

ただ、こういう呼び方をする相談者は、受任後、弁護士の指示に従ってくれない、無理な主張や方針に固執する、それで不利益を受けると弁護士を攻撃してくる傾向が強い、だから受任を避けたい、ということでした。

その原因についてですが、その適否や要否は全く別の話として、弁護士については、医師等他の職業と同様、「先生」呼びをすることが「普通」です。

そして、この「普通」は、相談者も通常は知っているはずです。それにもかかわらず、あえて「○○さん」と呼ぶということは、それなりに積極的な理由、原因があるというべきです。つまり、「○○さん」呼びは、失礼でも無礼でもないのだけれども、特別な事情である、ということです。

この特別な事情とは、殊更弁護士と案件処理の全てにおいて対等というより同等であると確信しているということが挙げられます。

相談者が、強く同等だと思っているので、あえて通例とは違う「○○さん」と呼ぶ、ということです。

さて、依頼者と弁護士が対等であること、これは全く異論がなくて正しいことです。

しかし、対等であることと同等であることは別です。弁護士と依頼者は、事件処理において役割が大きく異なります。

依頼者は、報酬を支払い、自分の知っている事情を話し、希望を伝え、それの達成を弁護士に依頼する立場にあります。逆に、弁護士は、報酬を受け取り、依頼者から聞き取った事情をもとに、その希望に沿う解決を目指しつつ、専門家として事件処理の方向性について随時助言をするという役割を担います。

対等であることと同等であることは別の話です。依頼者と弁護士が対等であっても、役割が根本的に異なり、同等ではありません。

この点がわかっていないと、弁護士の専門性、裁量について理解をせず、

COLUMN

弁護士がその裁量で行うべきこと、例えば、細かい言い回しであるとか、法的手段の選択とかについても、介入しようとしてきます。

依頼者がこういうマイクロマネジメントをしようとすると、弁護士としてもその対応に追われ、肝心の紛争の中で十分に力を発揮することができません。

弁護士に仕事を頼む以上は、事件処理においては、基本的に従ってもらう必要があります。必要性があって従うという話であり、これは、依頼者と弁護士のどちらが偉いか偉くないか、という問題ではありません。

この点を混同されると、弁護士は非常に消耗しますし、それでいてろくな結果にならず、そのことがさらなるトラブルを招きます。

できれば受任を回避するべきですが、それでも受任するのであれば、弁護士の裁量、基本的にどういうことをするかは概ね任せてもらう、ということを契約書において特約で明記するべきです。

12 問い合わせと「護身」

問い合わせの第一印象は外れない、という話が弁護士間で挙がることがあります。私も、概ね、問い合わせ時の相談者の第一印象というのは、基本的に外れないものだと思っています（もちろん、最初の第一印象で弁護士の認識にバイアスがかかっていることも原因にあるかもしれませんが）。

また、弁護士として実務経験を積むにしたがって、大きく身についたと感じる能力の１つが、この問い合わせの第一印象から相談者の性質、対応の困難さなどを判断する能力です。

ただ、いずれ身につくだろう、と、悠長になっていられないのが難しいところです。これが、特定の専門分野に関する見識であれば、その分野に慣れるまでは受任を控えるとか、そういう方法がとれます。

しかし、問い合わせの段階で問題のありそうな相談者を見抜く場合については、これは当てはまりません。特定の分野を避けるとか、そういうことができず、分野を問わず、問い合わせ時の態度から、リスクを察知しなければならず、これをしないと、およそなにも受任できないことになって、仕事にならないからです。

そして、仮に、不用意に、対応が困難な人から受任をした場合、他の全ての案件にも悪影響を与えかねません。本来、他の案件のよりよい処理と解決、あるいは自己研鑽に割り当てることのできたリソースを、その対応困難者への対応に浪費することになります。これは、誰の幸せにもなりません。

ですから、実務経験を通じて習得するだけではなくて、実務の前に、リスクのある相談者を問い合わせ段階で見分ける基本的なスキルを身につける必要があるといえます。

そこで、ここでは、問い合わせの時点での「護身」について、説明をします。私は、独立直後、無料相談と着手金無料ということを標榜していましたので、弁護士を嫌がらせの道具に使おうとか、あるいは、勝てる見込みがあるように装って、実はそうではない案件を着手金無料で受任させようとか、リスキーな問い合わせを受けることが少なからずありました。その経験も踏まえて、解説したいと思います。

⑴ 自分が引き受ける意思のない依頼はすぐに断ろう

まず、弁護士としては、次の規程、義務について把握する必要があります。

> 弁護士職務基本規程
> (受任の諾否の通知)
> 第34条　弁護士は、事件の依頼があったときは、速やかに、その諾否を依頼者に通知しなければならない。

この規程は、要するに、依頼をされたら、断るならすぐに断れ、ということです。引き受ける場合も同様で、すぐに引き受けろ、とにかく、返事は速やかに、ということです。

弁護士が受任するかどうか、その判断を明らかにせず、諾否の通知が遅延すると、依頼者は、別の弁護士を探すための時間を奪われてしまいます。また、時間の経過により、依頼者が不利な状況に陥ってしまうというリスクもあります。

私自身は経験していませんが、刑務所等の刑事施設の被収容者から、刑事施設への不服の申立てや再審請求の代理人を依頼したい、そういうハガキを送るという方法があります。この場合、面識もない、ただのハガキなので、返事をしない弁護士もいます。そこで、そういう返事をしない弁護士に対して、上記の弁護士職務基本規程34条違反を指摘して、「諾否の返事をしなかったので、規程違反である。慰謝料○○万円を支払え。さもなくば、規程違反で懲戒請求をする」というように、弁護士から金銭を喝取しようとする手口もあると聞きます。

これは極端なだまし討ちに近い例ですが、他にも、断るべきはすぐに断る、あるいは、今の時点で受任を決められない場合は、「今の時点で受任は決められないし、今後、受任できるかは検討次第で、はっきりしない。なので、他の弁護士にも相談をすることをお勧めする」ということで、すぐに決められないことと、他の弁護士への相談の提案をセットで行うべきです。

⑵ 「すぐに話したい」人とすぐに話すのは慎重になろう

問い合わせの中には、特に電話だと、「とにかくすぐ弁護士と話したい、緊急、至急！」というものがあります。

もちろん、例えば、刑事事件で身柄拘束中であるとか、本当に至急というケースもあります。ただ、経験上、「至急である、緊急である」と述べるケースの大部分は、緊急性はありません。

これはどういうことかというと、別に相談者が嘘をついているわけではありません。主観的には緊急であることは間違いなく、法的トラブルや不安に見舞われて、早くに安心したい、解決したい、という希望があります。

もちろん、こういうニーズに対応することも、弁護士にとっては必要なことかもしれません。しかし、こういう問い合わせには、概ね、次のようなリスクがあります。

① 相談者は焦りから、弁護士は突然の相談となることから、正確な聞き取りができないので助言ができず、ミスを犯しやすい

② 安心したいがために言質をとろうとする傾向があり、トラブルの原因になる

③ 解決のためにコストを支払う意思がないので、受任につながる可能性が低い

まず、①ですが、相談者が不安でいっぱいというだけではなくて弁護士の準備も不十分です。そして、相談者は焦りから、そして弁護士は突然のことで、お互いの時間も不十分なことが多いです。

そうすると、正確に必要な事情を聞き取ることは困難です。となると、十分な助言も難しくなります。分野によっては、事前調査が必要ですが、それもしていないので、ミスも発生しやすいです。

不安を解消してあげようという親切心が、かえって、事故につながるかもしれないということになります。

次に、②ですが、相談者はとにかく安心したい、そのために時間をかけたくない、ということですから、とにかく安心できる回答、もっといえば言質をとりたがる傾向があります。

そんな保証を弁護士にもらっても意味がないのですが､弁護士からすると、後日責任を追及されるリスクがあります。

また､そもそもの話として､③の問題もあります。「今すぐに」という人は、待つのも、予約をとるのも嫌、ということです。こういう手間暇と時間というコストを費やす気がないと、なおさら報酬を支払う意思もないことが通常です。

そうなると、こういう問い合わせに対応をしても、受任までたどり着かない可能性も高いです。

13 法律相談と「護身」

受任後にトラブルになると、そう簡単に辞任できない、辞任自体に責任を問われる可能性があります。ですから、受任には慎重になるべき、というのは、本書で一貫して述べていますし、先輩弁護士からも同じように指導されてきたと思います。

法律相談というと、相談をしたからといって、弁護士には受任をする義務（相談会主催者との関係で、個別の約束があれば別ですが）はありません。これは、有料相談であっても、無料相談であっても、同じことです。

ですから、法律相談のリスクというのは、受任をするリスクよりもはるかに低いものです。

ですが、受任する場合と違って、十分にスクリーニングされずに、極端な話、大まかな相談内容もわかっていない時点から始まります。

事前の予想が難しい、という点、ひとまずは、法律相談という業務は引き受けており無事に終わらせなければいけない、という点が、法律相談の難しさであり、「護身」の必要性でもあります。

ただ、法律相談については、基本的に、ここまでで解説してきたところと、特別に変わるところはありません。

もっとも、法律相談においては、その中でも特に注意をするべき点があります。そこで、ここでは、法律相談固有の「護身」について補足して詳しく解説したいと思います。

特に、対応困難者への対応は重要です。

⑴ まずは態度を見よう

「まずは態度を見る」といっても、丁寧であるとか、粗暴とか、そういうことではありません。

それらも参考になることはあります。ですが、これは、普段の態度からそうした傾向があり、弁護士との接し方の問題ではないからです。

一方で、多くの弁護士に相談してきたことがうかがわれる、弁護士から聞かれるポイントを心得ている、「他の弁護士にも相談したのだけれども……」ということを言うといった場合は、要注意です。

もちろん、多くの弁護士に相談をすることはなんら禁じられることではありません。比較検討して、自分に一番合った弁護士を探すのは当たり前のことです。

しかしながら、これまでにも触れたように、弁護士と複数回相談すると、相談者自身にとって不利なポイントを熟知し、あえてその部分を外して相談をするようになるというリスクが生じます。

やたら「弁護士慣れ」している場合には、しっかりとこちらに真実を、包み隠さず話しているか、留意をしましょう。

⑵ 関係のないことを話す依頼者の気分を損ねずに軌道修正する方法

例えば金銭消費貸借で、貸金返還請求をしたいというのであれば、いつ、誰に、どのように貸したのか、借用書などの証拠はあるのか、これまでの相手方の返済態度、財産状況の見通しなどが大事になります。

しかし、個人間の争いであれば、やむを得ないところではありますが、そういう法律上重要な事実ではなくて、ひたすら、相手方がいかに嘘つきで悪い奴であるとか、悪性格について語り続ける方は決して少なくはありません。

他にも、こちらの質問に限らず、周辺事情をひたすら話すような場合は、往々にしてなにか不都合な真実を隠しているケースも多いです。

ただ、どんな善良な人であっても借りた金は返さないといけません。一方で、どんな極悪人であっても、金を貸せば返してもらえる、というのが原則です。

ただ、やはり、公正世界仮説の影響でしょうか、あるいは、フィクションの法廷物ですと、悪い奴が負ける展開になります。なので、相手方の悪性格に関する主張に固執する方は多くいます。

もちろん、民事訴訟においては、関連性があれば、一応悪性格の立証は許されています。ただ、関連性が薄いことも多いでしょうし、なにより、裁判所の心証に悪影響を与えかねません。

こういう場合の軌道修正方法ですが、相手の話を遮って「そんなことを聞いているのではなくて、聞いているのは○○についてである」と言うことは、避けた方がよいでしょう。

相手方の悪性格を主張する人は、それだけ葛藤があり、ぜひ、主張したい、裁判で主張できなくても、弁護士には聞いてもらいたい、と強く思っています。ここで、あまり話を遮ると、信頼関係を築くことが難しくなってしまいます。

相談者の段階であれば受任が難しくなり、仮に受任できてもトラブルになります。また、すでに受任しているのであれば、これから先の事件処理に支障が生じることにもなりかねません。

この場合は、話を遮らず、きちんとメモをとって聞く、そのうえで、相手が話し終わるのを待つのが適切です。

そのうえで、相手の話したことを要約する、そして、こちらが聞いた質問をもう一度繰り返す、聞いた項目と話してもらったことが違うことを暗に示して、納得を得る、という方法が有効です。

もう少し、具体的な言い方の例を挙げてみます。

弁護士「200万円貸したとのことですが、借用書はありますか？」

相談者（依頼者）「先生、こいつは本当に金に汚いけれども、見かけは正直者で信用できそうに見えるんですよ。ですから、みんな信用して、私以外にも騙された被害者がたくさんいます。ある程度信用されたところで騙す、ということで、私も、借用書はなくてもいいと思ってしまったんです」

弁護士「わかりました。なかなか、金に汚い酷い人で、油断ならない、裏切りを繰り返してきた、人を騙すのがうまい人のようですね。気をつける必要があろうかと思います。ただ、お伺いしましたのは、借用書とか、つまりお金を貸すに当たって、何か書類をつくったり、紙に署名させたりとか、しましたか、ということですので、その点をお話しください」

大したことのない工夫のようですが、遮らないだけではなくて、相手の言い分をまとめて、そのうえで、自分の質問と対比することが、重要です。

そもそも、相手は弁護士に相談をして助言を得たいのです。別に、弁護士に意地悪して、関係ない話をする、質問に答えないというわけではありません。

他ならぬ相談者・依頼者のため、自分自身で気がついてもらう、そのためのプロセスです。

私の経験上、これは、信頼関係を維持できるだけではなくて、的確に事情を聞くうえで非常に有効な方法です。

⑶ 希望を固定して限定することの大事さ

法律で解決できることはたくさんありますが、これは有限です。

訴訟においても、請求の趣旨でできることは限られており、和解でできることはそれより広いですが、それも限界があります。

しかし、人は、法律に、もっといえば訴訟制度に、過度の期待をしがちです。

例えば、真実や相手方の悪性格を明らかにする、相手方に制裁したい、とか、そういうものです。

しかしながら、民事訴訟は、あくまで過去の事実から現在の権利義務の存否を判断する手続きであり、それ以上でもなければ、それ以下でもありません。

一方で、特に普段弁護士への相談や訴訟手続きを利用していない人にとって、弁護士に依頼する、裁判手続きを利用するということは、一生に何度もない重大事です。それだけに、過度の期待を寄せがちであり、それゆえに、真実を明らかにすることを希望する等、訴訟手続きで実現することが困難な事項に及びがちです。

ですから、相談時においては、要するに何をしたいのか、その点についての希望を固定することが大事です。

頻出の問題とその対応としては、次のようなものがあります。

相談者の希望	弁護士の回答案・対応策
真実を明らかにしたい	権利義務の存否に関わる事実について、証明ができたか、できていないか、という判断しかされない
相手が悪いことを裁判所にわかってほしい	裁判所は基本的にそういうことに興味がない
○○という運動をしていて、そのために	裁判所に一定の運動の賛否を問うことはできない。また、手段として裁判をするにしても、弁護士の任務は、法律手続きに限られ、運動への参加を受任することは原則としてしない
相手を制裁したい、あるいは、世間に悪い奴だと知らしめたい	訴訟手続きはそういう目的のためにはない。また、裁判についての発信は、違法になる場合もあるので、留意してほしい

相談時点で、希望をしっかりと固定し、途中から、「制裁したい」「真実を明らかにしたい」という話に変わってこないように注意が必要です。

必要に応じて、訴訟手続きでの実現が困難な希望については対応できないことを、契約書の特約事項に加えることも有効でしょう。

⑷　録音の問題

日本において、特に市民にとっては、相談、助言について費用を支払うということは、まだまだ一般的ではありません。

そんな中で、法律相談というのは、特に有料のものに関しては、非常に特殊な部類に属するといえます。市民が、１時間あたり5000円から２万円程度支払って助言を受けるということで、医療などの他の専門分野も含めると、なかなかなじみのない形式です（占いサービスなどではあるようですが）。

そうなると、それだけお金をかけるのだから、後で聞き返したい、ということで、録音に及ぶ相談者がいます。この録音の問題をどうするべきでしょうか。

基本的に相談時は、録音されているという前提で話すのがよいでしょう。

もちろん、これまでの関係性から、録音されていない前提で話すのもよいのですが、基本的には録音されている可能性には留意をするべきです。

今や、録音する方法は多数あります。そもそも、気がつかれないように、動画まで撮影する道具が販売され、盗撮等に悪用されている昨今です。気がつかれないように、録音をとるというのは、造作もないことです。

また、電話相談についても、電話やスマートフォン自体に録音機能があることも多いですし、電話を録音するための道具も多数、インターネットなどで手に入るという時代です。

なので、次の各点に注意をするべきです。

①　断言を求められたりしても、必ずしも断言をしない

②　助言は、あくまでも、自分が聞いた限りの事情を前提とするものであることを明らかにする

③　事件の見通しは、相手方の出方についても非常に影響を受けるものであり、こちらの事情だけで決められるものではないことを理解してもらう

④　見通しというのは、あくまでも可能性の問題もあることを伝える

なお、録音されている前提で話すべき、と前述しましたが、それでも、常にそう思って話すのは大変なことです。法律相談というのは、かなり大変な作業ですから、やはり、メリハリをつけて対応をしたいところです。

録音されているかどうかの見分け方ですが、今では、スマートフォンで簡単に録音できます。ですから、スマートフォンを机上に置いている場合とか、胸ポケットなどから、電子機器がハッキリ見える場合は、そのリスクが高いと考えるべきでしょう。

特にスマートフォンを机上に置くのは、録音している可能性が高いです。また、スマートフォンで録音をしている場合、無意識に話が終わった際に、すぐにスマートフォンをしまう、その直前に録音を終わらせるという操作をします。別に、そういう必要はないはずなのですが、秘密録音は、やはりしている側も気になるところで、直ちにそういう動作をすることが多いので、見分けることができます。

なお、「録音をしてもよいか」と問われることもあるかもしれません。この場合は状況次第で返事をしてよいでしょう。基本的に、録音されている前提で話しているので、承諾をしてもかまいません。もっとも、事務所内で、かつ、防音の関係で、電話の音とか、別件の音声が入る余地がある場合には、それを理由に断ってもよいでしょう。なお、このことは、あくまで録音されたくない場合に、画一的に断る理由にもなります。

私の経験上、相談や打ち合わせを秘密で録音する人は、対応が難しい依頼者になりやすいです。録音を持ち出されてトラブルになったことは一度もありません。ですが、秘密で録音をする依頼者と録音以外の件でトラブルになる、あるいはなりそうになったことは何度もあります。

録音の問題の本質は、録音された音声データそのものではなくて、秘密で録音をする「人」の問題といえるかもしれません。ですから、一種の、注意すべき相談者、依頼者のメルクマールとして用いることも有益でしょう。

⑸　相談困難者の対応法

相談困難者とは、なにか一義的な定義があるというわけではありません。

ただ、ここでは、法律で解決できないことを弁護士に求めてくる、弁護士にとって業務上行うことが物理的・法律的に不可能なことを要求してくる、コミュニケーションが成立しない、依頼・受任にあたって無理な条件を設定してくる、事実認識が非常に不合理な内容に基づく、といったケースです。

こうしたケースでは、受任はもちろん、相談に応じることは困難です。もっとも、相談段階で断れない、気がつけないのであれば、始まってしまった法律相談をつつがなく終わらせることが、第一の目標となります。

相談困難者の対応は、もちろん、コミュニケーションを工夫して、うまく受任して事件が処理できれば、それに越したことはありません。事務所経営上はもちろん、人権擁護という観点から見ても、相手方を含む全ての関係者からすれば、相談困難者に代理人弁護士がつくことは、大きなメリットがあります。

しかし、弁護士の時間は有限です。また、相談困難者の対応は、特に受任して事件を処理することは、多大な苦労を伴います。下手をすれば、他の事件の依頼者に、処理の遅延で迷惑をかけるかもしれません。

たびたび、弁護士が、心身に不調を期して事件を放置してしまう事例が話題に上ります。私も全ての案件を子細に検討したわけではありません。ですが、こういった例のうち、相談困難者を受任し、その対応で消耗し、他の事件にも悪影響をもたらしてしまったというケースは、相当な割合であると思います。

さて、相談困難者は、弁護士から望む答えが得られない、受任をしてくれない場合には、こちらに対する大きな憎悪、逆恨みをすることがしばしばあります。

したがって、相談困難者への対応のゴールは、受任をしないで済む、少しでも早く解決をする、こちらを逆恨みさせない、ということです。

まず、コミュニケーションが困難なケースや、こちらの指示や質問に応じてくれない、というケースでは、弁護士に依頼する事件処理というのは、弁護士に全て話してもらって一任してもらう、というものである、それが難しいのであれば、お互いにとって不利益になるので、受任は難しい、という趣旨のことを伝えるのが効果的です。

ここでのポイントは、弁護士の仕事は、依頼者の言いなりになるのではないこと、そして、言いなりになることは、弁護士だけではなくて、依頼者の不利益になること、あくまでも、相談者の利益を第一に考えている、という構成にすることです。

相談困難者については、積極的に解決策を示すのが難しいことが多いです。相談困難者に感謝されることを目指すというより、「真剣に聞いてもらえたが、自分には合わなかったな」くらいの気持ちを持ってもらえれば、十分です。逆恨みの標的にならないこと、これがなによりも重要であり、それ以上を望んで、リスクを増やす必要はありません。

他に、なんらかの社会運動に参加してほしいとか、とにかく相手を懲らしめてほしいとか、法律上の権利義務の関係を超えた要求に固執するケースもあります。

もちろん、こういう希望は他の相談者でも出てきます。ここでの問題は「固執」するということです。一般的な依頼者であれば、本体の請求を通すついで、ということで、そこまで固執しません。本体の請求こそが目的だからです。

しかし、この種の相談者の場合、固執している要求そのものがメインテーマです。ですから、その固執している要求を断る理由が必要になります。

これについては、あくまで弁護士の職域は法律であること、法律を手段としていろいろな手続きをとることは可能であること、しかし、自分の検討した範囲では、法律という手段で、あなたの要求をかなえることは難しいこと、について説明をすることが有効です。

ここでのポイントは、その固執している目的、要求そのものを評価しない、ということです。相手方に復讐したい、懲らしめたいとか、そういう目的について、そんな目的で裁判をやってもうまくいかない、嫌な思いをするだけである、と指摘することは、それが正しいことであっても禁物です。これらを否定すると、その相談者に弁護士が「敵」と認定されてしまうおそれがあるからです。

最初に述べたように「真剣に聞いてもらえたが、自分には合わなかったな」と思ってもらうためには、相談者が最重要であると固執している点について、それを否定しないことです。

その目標については、一定の理解を示しつつ、法律という手段を用いて、それを実現することは、現行法の関係では、やはり難しい、ということで、あくまで弁護士ではなくて、現行の法制度がそれを否定している、と説明をすることが大事です。

さて、ここまで、さまざまなタイプの相談者への対応について、トラブルにならないような受任の回避方法について、触れてきました。

他に、技術的なところですと、法テラス等の団体相談においては、報告書のほか、弁護士が主催団体に提出する書面については、相談者が見る可能性もあるということには、注意が必要です。そこに、相談者を非難する内容があると、それを理由に懲戒請求を受けるなどのトラブルになる可能性があります。

また、このような相談者について、受任を断った場合、その場、あるいは事後に、「役立たず」とか「無能」とかいろいろと、こちらを非難する「捨て台詞」をいわれることがあります。特に、私は、インターネットで広告をしていた時代がありますが、無理な案件で、いろいろな弁護士をはしごしている人について、こういう捨て台詞を言う印象を受けました。

私も、最初の頃は、こうした捨て台詞を言われてイラッとすることもありましたが、現在は、そこまででもありません。

以上のような方法を実践して、このような言葉を投げかけられるかもしれません。ですが、心配には及びません。

自分の思いどおりにならないからといって、大の大人が、そういう捨て台詞を言う段階で、それは、正常な相談ではないのです。そもそも、相談者は味方になる人を探しに来ています。味方になってくれる可能性のある弁護士に、そのような言葉を投げかける時点で、常識的に考えて普通ではない、非常識であるということがいえるでしょう。その相談者が、ここまで受任する弁護士を見つけられなかったこと、そもそも紛争に巻き込まれる原因はそういうところだぞ、ということがいえます。

ですから、捨て台詞は恐れる必要はなく、問題のある人から受任することを回避できたという答え合わせであり、この対応で正解だった、ということで理解してもらえれば、と思います。

ここまで、法律相談と「護身」について話してきました。

これが大事なのは、法律相談時点ではどんな人がくるのかわからない、ということ、また、受任するかどうかを決めるにあたって、あるいは、受任後の方針を定めるにあたって、事件だけではなく、依頼者のパーソナリティーも見極める必要があるからです。

また、対応困難な人の場合、それでも一度受任した場合は、軽々に辞任できず、弁護士にとって大きな負担となります。ですが、相談段階でそれがわかれば、受任を回避することができます。

さらに、相談の際に、軽々しくよい結果を期待させるような言動をする、相談者に誤解をさせてしまうと、トラブルの原因になります。

法律相談は、弁護士にとって助言をする場でありますが、営業の場でもあり、さらには、事件だけではなくて依頼者を見極める場でもあります。

COLUMN 電話録音について

最近、法律事務所には電話録音のシステムが搭載されていることが増えています。また、電話を録音した音声記録が裁判で提出されることも増えています。

録音する方はともかくとして、録音される側としては、なかなか気分のよいことではありません。

法律相談の際は録音されている前提で話すべき、ということをお話ししましたが、電話についても同様です。最近は、個人向けにも、スマートフォンに外付けして自分と相手の音声を同時に録音できる機材が販売されていますし、スマートフォン自体に録音機能が搭載されていることも多いです。

また、悪質な相手方等においては、あえて電話口で挑発的な言動をして、弁護士の失言を引き出して、それで懲戒請求を試みる者もいます。口は災いの元、なんて言葉がありますが、相手からの挑発や、失言を引き出したがっているな、と感じたら、一度切電して、逆にこちらから改めて連絡をする方がよいでしょう。

さて、弁護士の側で録音する場合は、どういう方法があるでしょうか。

簡単なお勧めの方法としては、スピーカーフォンにして、近くにICレコーダーを置く、という方法です。録音の問題を別として、スピーカーフォンにすると、両手が空きますので、メモもとれますし、ヘッドセットよりも快適で音質も良好です。

14 強い言葉は依頼者を失敗させ、弁護士を堕落させる

多くの弁護士がSNSを利用するようになり、他の弁護士の仕事ぶりに関する情報や論評を目にすることが増えました。

その中でも、少なくないのは、相手方代理人弁護士が、非常に強い言葉、不用意に攻撃的な言葉を内容証明郵便や裁判文書で使う、という話題です。

私は、個人向けの無料電話法律相談も実施することがあり、その関係か、弁護士から請求書や、裁判所から訴状が届いた、という最初の段階での相談を行うことが少なくありません。

そうすると、中には、「あらゆる手段を尽くして貴殿を追及し続けて、社会に公にする」とか「応じられない場合には、貴殿の子どもの通う小学校にこの事実を通知せざるを得ません」とか、「即刻提訴を予定していますが、特別に、即時に以下の条件に応じるのであれば、和解を検討する可能性があります」（なお、余談ですが、このような「即刻」等の記載があると、逆に提訴されない可能性が高いというのが経験上いえます）など、下手したら違法の指摘も免れないような表現に接することがあります。

こういう問題について、弁護士のパーソナリティとか、経験不足、特にOJTの不足が指摘されることも多いのですが、私としては、むしろ、依頼者との関係構築の問題であると思っています。

つまり、依頼者から過度な期待を抱かれており、弁護士は、そういう強い言葉を使うものであるし、そうすればうまくいくものである、だから、そういう強い言葉をやたらと使う弁護士がよい弁護士である、と依頼者が誤解している可能性があるのではないかと考えています。

実際、そういう強い言葉を書面でよく使う弁護士のウェブサイトを見ると、「○○に強い弁護士」と連呼、広告が派手、SNSで受任事件について、常時語っているという点においていくつか該当しています。

確かに、強い言葉を連呼することは、依頼者ウケはよいです。また、SNS

などを使った宣伝の材料にする、依頼者を広告塔に仕立て上げるには、よい方法かもしれません。

もっとも、事件処理そのものに力を入れるより、SNSでの見栄えを重視することや、強い言葉を使うという簡単な振る舞いで、容易に依頼者の歓心を買うことができ、弁護士の堕落にもつながりかねません。

また、こういう強い言葉は、裁判所にもよい印象を抱かれませんし、相手方との交渉においても不利です。強い言葉で説得できるのは、相手方に弁護士がついておらず、かつ、運のよい場合だけです。弁護士がついていれば、逆に依頼者とのコミュニケーションがうまくいっていないと足元を見られかねません。

強い言葉は、弁護士を堕落させ、依頼者を失敗させかねません。依頼者から、強い言葉を使ってくれと希望があった場合は、以上の事情を説明すれば、たいていの場合は、理解してくれます。強い言葉を使うことは、弁護士にとって麻薬のようなものですから、意識して注意をしたいものです。

依頼者からプレッシャーをかけられて恫喝をしてしまうことで、思いがけない反撃を、相手方から受けることもあります。このことについては、第3章❷で取り扱います。

15 依頼者の親族、友達に注意

弁護士は、依頼を受けて、委任契約を締結して、それで依頼者のために業務を行います。

弁護士は、依頼者の希望を踏まえ、正当な権利利益を実現する義務があります。

また、弁護士は、依頼者の絶対的な味方であり、違法であるとかでない限りは、依頼者の希望の実現に向けて努力するべきであるとされています。

加えて、弁護士には守秘義務があり、依頼者の秘密は、たとえ、依頼者の家族であっても伝えてはいけない、ということになっています。

そういうことで、弁護士の仕事は、法人などの団体からの依頼でない限り、基本的には、弁護士と依頼者との１対１の関係です（弁護士が複数のこともあります）。

ところが、弁護士に依頼するということは、一般市民にとって滅多にあることではありません。弁護士選びは慎重にやりたい、というのはもちろんのこと、できれば、依頼してからも、上手に弁護士を使いたい、と思うのは普通のことです。

依頼者自身が工夫するのであれば大きな問題ではないのですが、弁護士からすると、かなり対応に困る、事件処理の大きな支障になりかねないのが、事件処理に介入する依頼者の親族や友人の存在です。

弁護士であれば、遺産分割事件や離婚事件などで、当事者本人よりも親族が熱くなっており、そのせいでなかなか解決できない、ということは一度や二度は経験したことがあるでしょう。

私も、事件処理において一番の強敵は、事件そのものでも、相手方本人やその代理人でもなく、もちろん依頼者でもなくて、依頼者の親族や友人であった、と後から思い知ったことは何度かあります。

そこで、ここでは、そういう友人や親族といった人が、なぜ、依頼者本人の事件処理に介入するのか、そのうえで、なぜ、こうした第三者の介入が弁護士にとって支障になるのか、それを予防する、解消する方法について解説したいと思います。

まず、友人や親族が依頼者本人の事件処理に介入する理由ですが、上述したような、よりよく弁護士を使い、事件を処理してほしい、という思いからです。自分の介入により、弁護士がよりよく働いてくれるに違いない、ということで、依頼者本人のために、いろいろと介入をするわけです。

また、彼らは、依頼者本人について、保護者的な意識を持っていることも少なくありません。なので、依頼者本人に任せていると、相手方はもちろんのこと、自分の弁護士にもいいように言いくるめられてしまう、きちんと権利を守れないのではないか、と心配をする、というわけです。

こういうと、それは依頼者本人が介入してくる場合と一緒ではないか、という指摘もあるかもしれません。確かに、弁護士に依頼したが、いろいろと不安になって、非常に細かいところ、形式的なところまで、依頼者が弁護士に指示をして事件処理の差し支えになるケースもあります。

ですが、依頼者本人ではなくて、その親族や友人が介入してくる場合は、本人が注文をたくさんつけるケースよりも、はるかに重大です。

依頼者本人が事件処理について細かい希望を出すのは、「とにかくよい結果を得たい」という気持ちからであり、結果的に弁護士の仕事の邪魔にはなっていたとしても、動機において一切邪魔する気はありません。弁護士と向いている方向、目的は一緒で「よい結果」のために口を出しているのです。

しかし、依頼者ではない第三者の場合は違います。もちろん、この第三者も、弁護士の事件処理について注文をつける目的に「よい結果を得る」ということが含まれることは違いありません。

しかし、問題は、しばしば別の目的も一緒に入っている、ということです。それは、自分が弁護士に注文をすることで、よりよい結果を得られたということにしたい、つまりは、自分の貢献をPRしたいという希望が入っている場合があります。

こうなると、その第三者の「提案」の取扱いは、非常に大変です。依頼者本人の提案であれば、「その方法をとることで、損をしてしまう。だから、ここは弁護士の提案通りに○○した方がよい」とか、そういう利害を説明すれば、依頼者本人の提案を断る際に納得を得られることがあります。なぜなら、依頼者本人も弁護士も、よりよい結果を得たい、という目的においては一致しているからです。

ですから、弁護士の方針こそが、よりよい結果に結びつく、その点でだけ納得が得られれば、容易に依頼者本人は同意してくれます。

一方で、「自分の貢献をPRしたい」第三者の場合は違います。第三者としては、「自分の貢献をPRしたい」ために弁護士の処理手段、方針について注文をつける場合の目的は、とにかく、弁護士にその注文を聞いてもらうことだからです。

ですから、弁護士がいくら、どのような手段が合理的であり、よりよい結果に結びつくにはどうすべきか、といった利害を説いてもなかなか通じません。目的は、自分の意見によって弁護士の処理が変更された、弁護士が自分の言うことを聞いた、という事実そのものだからです。もちろん、表向きはそういう目的を明らかにはしませんが、そもそも弁護士に自分の要望を聞かせることが目的です。ですから、弁護士が依頼者本人の利害得失を説明したところで、その第三者は、表向きは別の理由をつけながら納得することはありませんので、なかなか話は噛み合いません。

このように、第三者が依頼者本人のためだけではなくて、自分の貢献をPRしたいという目的が入りやすいのは、その第三者が依頼者本人の交際者や配偶者、親族であるとか、あるいは芸能人・クリエイターとマネージャーの関係にあるとか、そういうケースです。

飲食店にデートに来ているカップルで、片方が店員に無茶な苦情を入れたり、横柄な態度をとって頼りがいをアピールしたりするが、もう一方が困惑している、というような状況と、構造は似ていると思います。

さて、弁護士が依頼者についてきた第三者とトラブルになりやすいのは、上述したような、そもそも目的が自分の貢献PRであるという点に尽きます。

ですから、第三者の無茶な要望については、その無茶で不合理な点を指摘したところで、納得してもらえません。その第三者の要望や意見そのものの問題というより、意見に一定の合理性を認めつつも、それを行うことで、依頼者本人が不利益やリスクを負担することになると強調することが効果的です。

非常に難しいのですが、第三者の顔を潰さないようにしつつ、かつ、依頼者本人の事件処理に悪影響が生じないようにする、ということです。非常に難しい調整が求められる場面であるため、事件本体の対応より苦労することも珍しくありません。読者の中にも、こういう同行者（第三者）に手を焼いた経験は、特に家事事件をやっていれば、一度や二度ではない、と思います。

対応策としては上述したように、第三者の顔を潰さないように、意見ではなくて依頼者本人の利益の話を中心にすることとなります。

もっとも、この対応策はなかなか難しいです。できれば、事前にそのあたりの話をまとめておくべきでしょう。

具体的には、以下の各点を強調して説明し、合意を得るべきです。これに不快感や反発を示すのであれば、受任そのものを再検討するべきであるといえます。

① 方針や手段は、基本的に弁護士が決めるということ

② 方針や手段の細部については、弁護士に一任してもらう必要があること

③ 弁護士と依頼者本人とで事件の打ち合わせをすること（第三者の積極的な参加は控えてほしいこと）

④ 第三者については、弁護士とやりとりするというより、本人のサポート、特に心理的な面のサポートに徹してほしい、ということ

①ないし③は、どの事件でも、基本中の基本です。ただ、特に注意が必要なのは、③の部分です。

メールにしろ、チャットツールにしろ、同時に第三者と依頼者本人と弁護士とがつながっている場合、第三者が事件処理の支障になることは、非常によくあります。

弁護士としては、依頼者本人に確認を求め、依頼者本人もそれで問題ないと返事をするつもりなのに、第三者が、いろいろと修正を求めてくる、という事案です。

したがって、依頼者本人への報告は、本人にだけするべきであって、第三者にしないようなルートをつくっておくべきです。チャットツールの場合、必然的に、「ルーム」「チャンネル」を作成して、そこに第三者が入ることになります。ですから、その利用はなるべく避けるべきでしょう。

やむを得ない場合でも、依頼者本人にだけ連絡をするルートはつくっておくべきです。この場合において、本人への連絡は、その第三者の扱いに困ってからするのではなくて、受任時からたまに本人にだけ直接連絡をするということをしておいて、いざというとき（第三者が不合理なことを言い出したとき）に、備えるべきです。

16 「時間」こそ依頼者との最強のコミュニケーションツール

依頼者との関係についていかに気を遣っていても、コミュニケーションがギクシャクすることを100%回避することはできません。

もともと、紛争はストレスが多いものです。また、依頼者のパーソナリティに起因するトラブルであれば、弁護士と接するわずかな時間で、これを変えることは無理な話です。

気をつけていても、依頼者が無理な希望に固執し始めた、あるいは、不合理に本質的ではない些細な部分について、主張や合意の修正を求めてきたとか、そういう事態に遭遇することは避けられません。

そういう場合、弁護士としては、依頼者を適切に説得し、時にはなだめ、あるいは誤りを指摘して、軌道修正を図る必要があります。

その場合に、どのような言い回しを用いればよいとか、どのような言葉が有効であるとかは、依頼者次第、事件次第ですので、一概に言うことはできません。

もっとも、あらゆる事件、依頼者に共通して使える最強のコミュニケーションツールがあります。それは、「時間」です。

例えば、依頼を受けた直後、依頼者はこちらを信用はしているが、不安がある、弁護士への信用を確固たるものにしたい段階では、素早い対応が非常に有効です。

メールは、基本的に、随時着信を確認できますし、通知もされます。ですから、メールが届いたら、数分以内に返事をするとか、それくらいの素早い対応ができれば、依頼者は驚きますし、満足度にも非常によい影響を与えます。

チャットツールであれば、連絡をしてすぐに返ってくることは普通のことかもしれません。ですが、メールでは、すぐに返事が来る、ということは、あまり経験したことがないのが通常です。ですから、メールの即時返信は、依頼者に特別な体験を与えて、信頼関係を強化する有効な手段となります。

一方で、依頼者が感情的になって不合理な主張や希望に固執している場合は、あえて、時間をおくことも有効です。

感情的になっている依頼者にすぐに連絡を返してしまうと、さらにヒートアップしてしまう可能性があります。また、弁護士も、それにつられてついつい文面が、感情的になってしまうこともあります。そうすると、さらにトラブルになりかねません。弁護士も依頼者も、お互いに頭を冷やす時間をつくる、つまり、こういうときはレスポンス（返事）について、意識的に間隔をとることが大事です。少なくとも、一晩はおくべきでしょう。

加えて、感情的になっているほか、非常に細かいところを気にしていたり、合意のギリギリのタイミングで微修正を繰り返し要求するとか、仮定を重ねた質問を繰り返したりするケースもあります。

こういうケースにおいては、決断前にしっかりと熟考してもらうことを心がけてもらう必要があります。

この点においても、少なくともレスポンスに一晩おく、ということは大事です。すぐに返事が来ないこともある、弁護士もよく検討をしてから返事をする、そういうことを依頼者が意識できるようにすることが目的です。これにより、依頼者は、反射的に連絡を入れる前に、よく考えて連絡をする、決断をするようになることが望めます。

また、そもそもチャットツールなど、瞬時のレスポンスが前提になっている方法で連絡がある場合は、検討して連絡をする旨の返事をして、その後に適宜の時間をおいて、連絡することが有効です。

なお、対応が困難な依頼者について、返事を後回しにすることで、心理的な負担を感じるかもしれません。そういう場合は、あらかじめ、返信文案を作成しておいて、翌日、それを再確認して送信するだけ、としておくことも上手な処理方法です。

以上をまとめると、以下のとおりになります。

①　連絡方法は、記録に残り、管理が容易で、詳細に行えるメールを活用することを原則とする

②　チャットツールであれば、まずは検討をする、という返事だけ速やかにすることを心がける

③　受任直後においては、とにかく素早いレスポンスを行い、弁護士として、後回しや懈怠により返事が遅くなることはない、という信頼を勝ち取り、安心もしてもらう

④　受任後しばらくしても、できる限り③と同様の対応を心がける。ただし、例外は⑤の場合である

⑤　依頼者において、感情的になり、不合理や過度に詳細な点にこだわり、事件処理に支障が生じた場合は、レスポンスは慎重に検討して行う。基本的に、一晩は間隔を空けるべきである

とにかく、「時間」は、それ自体が強力なコミュニケーションツールであり、単なる弁護士の処理時間でも依頼者の待ち時間でもないこと、この点を忘れずに活用することが大事です。

COLUMN／受任につながらない問い合わせを回避することの当否

問い合わせの中には、どうしても受任ができないもの、不可能な要求をされているとか、経済的にペイしないとか、倫理的に問題がある、というものがあります。

特に、インターネット上で広告を出していると、さまざまな法律事務所をはしごしている相談者に遭遇することもあり、そういうケースでは、事件の内容問わずに、受任に至ることが難しい（そもそも、受任するとトラブルになりそうな案件である）ことも珍しくありません。

さて、こういう受任につながらない（受任できない、受任できるがトラブルになりかねない）問い合わせについて､回避をすることの当否については、どう考えるべきでしょうか。

法律論や、厳密な意味での弁護士倫理の問題からすれば、基本的に問題はないはずです。ただ、それらを超えて、社会常識的な、あるいは感情の問題としての当否は別です。困っている人がいるのに、それを断るのは、「いかがなものか」ということです。

率直にいうと、対応困難者であっても、弁護士の助力を受ける権利はあります。また、このような人に弁護士がつくことは、本人のみならず、関係者全員にとって、円滑かつ合理的な問題解決につながります。

もっとも、こういう対応困難者からの受任、事件処理は困難を極めます。弁護士の体は弁護士１人だけのものではなく、多数の依頼者や事務所の仲間のものでもあります。対応困難者から受任することで、心身に故障を生じるようなことがあってはいけません。

また、時間は有限です。自分ができることにも限りがあります。同じ限られた時間で執務をするのであれば、より、自分の仕事を高く評価してくれる、喜んでくれる依頼者のために使いたいと思うのは自然なことです。また、依頼者のためにもなり、合理的であるともいえます。

対応困難者ではなくても、弁護士と依頼者にはそれぞれ相性というものがあります。ですから、相談段階で、受任後を見据えて、その相談者の性質等を熟慮して、受任の可否を厳しく考えることは、決して非難されることではないと思います。

もっとも、以上で述べたように、対応困難者についても、必要な助力が届くようにするべきです。ただ、弁護士個人は脆弱です。ですから、公設事務所や弁護士会がバックアップを尽くして取り組むべき案件ではないかと思います。

なお、これにはいろいろな意見があると思いますし、私の感覚的な話に過ぎませんが、弁護士会の懲戒は、一般に一般民事、個人の案件について、企業法務のそれよりも厳し過ぎるのではないでしょうか。

懲戒についての厳しい態度は、弁護士の萎縮を招き、究極的には、市民の利益を損ね、信頼も失うことになりかねないのではないか、と危惧しています。

第3章

相手方からの「護身」

1 相手方からはもちろん警戒すべし

弁護士にとって相手方は「敵」です。

ただ、この言い方には、少しだけ語弊があって、交渉で終わる案件も相当数あること、裁判になっても、裁判上の和解は珍しくないことからすれば、敵であると同時に、紛争解決を一緒に目指す、一種のパートナーとしての性質もあります。

相手方だからといって、依頼者の歓心を買うために、やたら攻撃的な言葉を使うことは、逆効果で恥ずかしいことであるということは、第２章14で説明したとおりです。

もっとも、これは、弁護士が相手方をやたらと敵視することは、事件解決にとっての支障になる、という、つまりは弁護士から見た話です。気をつけないといけないのは、相手方から見た弁護士はそうではない、純粋な敵であると扱われる、ということです。

そんなことは、言われなくても当たり前かもしれません。ですが、相手方に対して、やたら攻撃的で品位を喪失しているような振る舞いをしないことは大事である一方で、相手方はそれでも敵であることを忘れないこと、これはいわば車の両輪であって、どちらも両立し、かつ、意識をしないといけないことです。

第２章では、依頼者との関係、特に後ろ（依頼者）から撃たれることのリスクと防止方法を解説してきました。後ろから撃たれること自体は、避けるべきですが、そういうことがあっても、本来の味方から奇襲を受けたので、言い訳が可能かもしれません。

しかし、相手方からの攻撃については、そういう言い訳ができません。

そもそも本質的には敵だったわけですから、警戒するべき相手からの攻撃について、プロである弁護士としては、十分に予期をして注意をするべきです。ですから、相手方からの攻撃については、依頼者からの攻撃のように奇襲、無防備な背中を狙われる、というリスクはない一方で、プロとして当然に予期すべきという点で、弁護士の注意義務が重いという、特有の難しさがあるといえます。

2 プレッシャーからの恫喝に注意

多くの弁護士は、誰かになにかを請求したい、という人の相談だけではなくて、請求を受けている、特に相手方が弁護士を代理人に立てて請求をしてきた、どうしたらよいか、という相談や依頼を受けることもあります。

そんな中で、相談者から頻出の言葉が、「この請求は事実無根だ」とか「高額すぎる」というものです。もちろん、双方に対立があるからこそ、相手に弁護士がついてまで請求を立てているわけです。ですから、こういう言葉をそのまま鵜呑みにはできませんが、双方の見解の対立があることは明らかです。

そして、それだけではなくて、「このような請求をする、言葉を使うことは、脅しである」というような相手方代理人弁護士への不服を耳にしたことがあるかもしれません。

もちろん、一般市民にとっては、弁護士代理で請求書を受け取ること自体、非日常のことです。ですから、それを受け取って驚愕する、怖がる、ということは、至極当然のことです。その恐怖が、脅しと感じることは、やむを得ないことでもあります。相談者が間違っているわけでも、弁護士が脅したと即断することも通常はできません。

もっとも、中には、たとえ一方の代理人であっても、弁護士が用いるには、不適切ではないか、というような脅しのように感じる表現を目にすることが多くなりました。

例えば、「あらゆる法的措置をとって追い詰める」とか「本件について公にすることも検討している」あるいは、「秘密を守るためには、請求に速やかに応じるべき」などです。

また、こういう不適切な表現が出てくるのは、最初の請求の段階だけではありません。私の経験上も、「和解に応じないのであれば裁判するが、そうなった場合、そちらの子どもの通う小学校に通達する」とか、「請求に応じないと弁護士会照会で入手した情報を公にする」という趣旨の主張を見たことがあり、非常に驚いたことがあります。

もちろん、一方当事者の代理人としては、基本的に本人の言い分、主張を前提に、主張せざるを得ません。また、ある程度、依頼者の気持ちに寄り添った表現も必要でしょう。こちらの姿勢を示すためには、感情的というと語弊がありますが、感情を示した表現もやむを得ないところがあります。

もっとも、それでも許される限度というものがあります。品位を損なうような過度に攻撃的なもの、あるいは虚偽を述べる、違法行為を予告するなどは、懲戒処分の対象になりかねません。

確かに、送る相手は相手方であって「敵」です。敵だから、ある程度強い表現もやむを得ないかもしれません。しかし、ここで逆に考える必要があるのですが、送る相手が敵であるからこそ、隙を見せてはいけない、ということです。過度に攻撃的な表現は、相手方に反撃のチャンスを与える、つまりは隙を見せることになりかねません。

先ほど、私が実際に受けた表現の例を挙げましたが、その違法性を暗に指摘した結果、相手方が相当に譲歩して解決することが大部分でした。

強い言葉を使うケースほど、もともと請求の根拠が脆弱であることも多いです。だからこそ、ついつい強い言葉を使ってしまい、それでかえって逆効果になるということがいえると思います。

ただ、私の経験からすると、過度に強い言葉を使ってしまうのは、請求の根拠が薄いことよりも、依頼者との関係に原因があると考えます。

強い言葉を使われたケースで、事件が進行にするにしたがって感じるのは、その依頼者が強硬であるということです。つまり、自分が正しいのであるから、自分の思うとおりに進むべきである、そうならないのはおかしい、強い言葉を使ってもよいはずだし、そうすればうまくいく、と思っているのではないでしょうか。

私の経験上も、依頼者の思い入れが強く、特に自分に「正義」があると強い確信を抱いているケースほど、強硬な言葉を使うように求められるケースが多くなっています。

また、依頼者の意向だけが原因ともいえません。強い言葉を使うケースにおいて、その代理人弁護士について調べると、ウェブサイトやSNSの広告が（分量が多いのではなくて）非常に派手である、「○○に強い」と連呼しているなど、センセーショナルな表現を用いていることがしばしばあります。

弁護士自身が感情的な言葉を使った広告による効果を実感しており、また、そういう広告を見て依頼者の期待値も不相当に引き上がり、ついつい強い言葉を使ってしまいがちになり、あるいは依頼者からも求められがちなのでしょう。

さて、このようなトラブル、過ちを防止するためには、どうするべきでしょうか。

まず、弁護士自身が依頼者の希望がないのにこうした言動をしてしまうことについては、自制をすれば済むことです。

自制が難しいということもあるかもしれませんが、かえって、相手方にこちらの請求の根拠の薄弱さを教えるようなものである、ということが理解できれば、さほど大変なことではないと思います。

次に、依頼者が、「もっとガツンと言ってやってくださいよ」というように、強い言葉の使用を求められたらどうするべきでしょうか。

この場合の説得材料は、これまでこの項で説明してきた内容に尽きます。

すなわち、次のようなポイントを案内すれば、納得は得られやすいと思います。

①　強い言葉を使えば相手が従うと期待することは早計である。特に相手方が弁護士に相談すれば、それまでである

②　強い言葉は、こちらの請求に根拠がないことを自白しているようなも

のである。このことは、弁護士であればすぐにわかることなので、わざわざ相手方に弱点を晒すことは不利にしかならない。かえって損をしてしまう、ということである

③　仮に、この請求が対外的に明らかになると、弁護士だけではなくて、依頼者の名誉にも関わる

④　自分の正当性に確信があればあるほど、正々堂々とした主張をするべきである。子どもの喧嘩ではなくて、大人の紛争をしているのである

⑤　不法行為になる可能性もある。そうすると、相手方に隙を見せる結果となってしまう

私の経験上、正しいからこそ正々堂々と主張をするべきで、強い言葉を使うとかえって損をする、という点を強調すれば、ほとんどのケースで理解を得られます。

もっとも、それでも理解しないケース、特に第三者が依頼者に介入をしているような、第２章15で解説したようなケースですと、それでも難しいことがあります。

最初から、第三者の介入を阻止するほか、その介入が依頼者本人のためにならないことを依頼者にも理解できるように説明をすることが必要です。第三者本人にも、その第三者の方針が害になるということを伝えれば、さすがに第三者も無理な介入は差し控えることが期待できます。

3　あなたの内容証明郵便、他人に見せられますか？

何事も第一印象が大事という話はよく聞きます。

弁護士と相談者の関係であれば、最初の面談、挨拶や自己紹介、あるいは相談に入るまでのアイドリングトークなどが、第一印象を決めることでしょう。

裁判における裁判所への第一印象であれば、原告の場合、訴状がその訴訟の顔を決めるものであるといえます。また、被告の場合、答弁書（あるいは、実質的な最初の反論である準備書面）が、被告の立場でみたその裁判の印象を基礎づけることになります。少なくない裁判官は、最初の主張で概ね心証は決まる、中盤や後半に出てきた書証や主張はあまり重視しない、重視できないことが多い、と述べています。

それでは、交渉における相手方への第一印象とはなんでしょうか。それは、最初に出す内容証明郵便（請求書）です。

私たち弁護士は、ハガキ一枚出すのと同じくらいの気軽さで、内容証明郵便を送付します。しかし、ほとんどの人にとって、こういう書類を受け取ることは、初めての経験です。非常に衝撃を受ける、極めて印象的な出来事であることは間違いありません。

もちろん、それを利用して、相手方に早めに請求に応じさせる効果も狙いたいところです。

ただ、問題は、今は誰でも発信力があるということです。誰でも、インターネットを利用して情報発信ができる、その内容がセンセーショナルであれば、無名の一般人でも、マスメディアに取り上げられるくらいの反響を得ることができます。

弁護士が出す内容証明郵便についても同じことがいえます。不用意に、攻撃的なこと、あるいは虚偽を述べたりすると、それを理由にインターネット上にアップロード、つまりは晒されてしまい、それが、弁護士や依頼者の名誉と信用に重大な影響を与えてしまうことがあります。

ここで注意をしたいことは、自分の正当性だけでは、決着がつかない、ということです。

自分に正当性があるとしても、その請求の仕方が自由、つまり過激な方法によることは当然許されるものではありません。消費者金融が手荒な督促や回収方法を用いてはいけないことと同じです。

こちらに正当性があるほど、依頼者は、強い表現を好むかもしれません。

しかし、この点については、本章❷で述べたような方法で依頼者にしっかりと説明をして、納得してもらったうえで、品位を保った表現を用いることが大事です。

また、私は、インターネット上のトラブルを多く扱っていますが、双方がインターネットを通じて情報発信に習熟していますので、さらに慎重さが求められます。

過去に目にした案件ですが、賠償請求の内容証明郵便において攻撃的な表現を用いた結果、その内容証明郵便がインターネット上にアップロードされ、依頼者と弁護士双方に非難が集中し、いわゆる炎上の状態になった、というケースもありました。

もちろん、請求者の言い分を前提にすれば、請求には法的な根拠はあります。ですが、だからといって、どんな表現を使ってもよいかというと、そうではありません。

内容証明郵便を出す前に、それが、相手方のみならず、第三者の目に触れる可能性があることを考慮しましょう。人に見せられる内容証明郵便か、確認をしましょう、ということです。

なお、最近は、内容証明郵便において、この書面を第三者に知らせると、プライバシー侵害になるとか、さらに責任が重くなるとか、著作権の侵害になる、などと注意書きがあるケースがあります。過去に、そういうトラブルで弁護士自身や依頼者に損害が生じたか、そういうケースを目にしたことが原因で書き加えたのかもしれません。

確かに紛争の存在はプライバシーです。ただ、相手方の属性によっては、例えば著名人であるとか、そもそも法的措置を広く予告しているケースであれば、公にされることは甘受するべきケースもあると思います。

そして、著作権の問題ですが、弁護士作成の内容証明郵便の文面が著作権で保護されるかは、新しい問題であり、いまだ通説があるというものではありません。

これについて、東京地裁の知財部が詳細に判断した事例として、東京地決令和３年６月24日（令和３年（ヨ）22044号）公刊物未登載〔28300736〕があります。

少し長いですが、説得的でもありますので、引用します。同決定によると、前提として、「内容証明郵便は、法的な請求又は依頼をし、あるいは法律上の交渉をする際などにおいて、その手段の一環として相手方に送付されるものであり、法令ないし契約に基づく権利行使と密接に結び付いた書面という特徴を有する。そのため、内容証明郵便は、読み手に対し、事実に基づく法的評価や主張を正確に伝えなければならないことから、表現の正確性が求められ、個性が表れづらい傾向のある類型の書面であるといえる。加えて、内容証明郵便として差し出された通知書に広く創作性を認めた場合には、内容証明郵便を作成、送付して権利を行使することを委縮させる効果が生じかねない。」としています。つまり、性質上、そもそも事実や法律を正確に伝える目的で作成されるため、選択の幅があまりないから創作性が生じにくい、安易に著作権を認めると、他の内容証明郵便の作成に支障が出てしまう、ということです。

同事件では、一定の請求をするものであり、内容証明郵便の創作性を否定しました。単なる法的な請求にとどまらず、表現に工夫がされているという主張については、「内容の伝わり方を考慮して、感情や人格に関する直接的な表現を避けた記載を選択することそのものはアイデアに属するもの」として、これを退けています。

確かに、同決定が指摘するように、内容証明郵便について安易に著作権を認めてしまうと、同じような請求ができなくなるので、妥当な判断といえるでしょう。仮に、内容証明郵便について広く著作権を認めると、契約書についても同様の理論で認めることになりかねません。そうすると、一定の形式、内容による取引・ビジネスを行う事が大きく制約されることになります。本決定の問題意識でもありますが、そのとおりであるといえるでしょう。

なお、私としては、同決定については結論や理論は賛成ですが、本人のプライバシー侵害になる可能性もあることには留意が必要だと思っています。

特に最近は、法的紛争を起こすと、インターネット上で耳目を集めて、誹謗中傷やプライバシー侵害を呼び込んでしまうという事情があります。

私の見解としては、内容証明郵便の著作権性について議論するよりも、その内容、特に紛争の存在と内容を公にする行為については、プライバシー侵害や名誉権侵害を認める余地があってもよいのではないか、と思います。

特に、紛争の一方当事者が紛争の内容を明らかにする場合、それは、一方的な内容になりがちです。もちろん、訴訟における主張も、一方当事者の主張は一方的なものになります。もっとも、それは、同じ手続き上で同じく相手方も反論する機会が保障されています。そうしないと裁判に負けてしまいますし、そもそも訴訟の仕組みとして、お互いがそうやって全力で主張することで、真実に近づき、紛争を解決する、という役割があります。

しかし、一方当事者が紛争について公にすることについては、そのような必要性も合理性もありません。インターネット上はもちろんのこと、提訴について発表する記者会見についてもそうですが､手続保障がありませんので、不法行為となりかねません。

また、そうやって、一方当事者に圧力をかけ、場合によっては、その社会的信用を失墜させて、生活の糧を奪う、それにより目的を達成しようとしているとも評価でき、これは、到底法治国家においてはあってはならないことだと思います。

この問題については、内容証明郵便の著作権については、ある程度緩和して認めるとしても、弁護士作成のそれについては、社会の正当な関心事として、公にすることは認める、しかし、プライバシー侵害の点は厳重に考えて、その点のマスキングなどは公表者の責任とする、というのが、バランスがよいと思います。

さて、少し話がそれましたが、特に弁護士になりたての頃は、依頼者と適切な距離を保つことが難しく、あるいは、依頼者の希望に反駁することが難しく、ついつい、依頼者に言われるがまま、あるいは自分の感情の赴くままに強い言葉を使ってしまいがちです。

しかし、書面を出す前に、それを第三者に見られても大丈夫か、人に見せられるものだろうかという観点からの検討は必須です。依頼者にも、第三者が目に触れる可能性のあることは、場合によっては説明をしておくべきでしょう。

受領した内容証明郵便を公にする行為は、私としては、十分に不法行為になる可能性があると思っています。もっとも、不法行為になるといっても、これを行う者は、特に最近は増えておりますので、不法行為だからやるわけない、というのではなくて、送付した内容証明郵便を公にされるかもしれないことは実務家として想定しておくべきことだと思います。

4　文書、電話、面会の順番で

弁護士をはじめとする法曹をテーマとしたドラマが数多く制作されるようになって久しいですが、法的には正しくないところも多いものの、エンターテインメントとしての評価は高いようです。

また、こういうフィクションの世界だけではなくて、弁護士が報道番組やバラエティー番組に出演する、その中で法律家としての専門的な観点から解説をし、あるいは実際の事件処理を披露することも増えています。

ところで、こういうテレビ番組では、弁護士が相手方の家に乗り込む（押しかける）とか、依頼者を伴って面談して「直接対決！」などという企画をやることがあります。

実際に弁護士がそのようなことをやることは稀でしょう。そもそも、「突撃」して事件が解決するのであれば、これほど楽なことはありません。また、気をつけないと、相手方のプライバシーや生活の平穏を害するなど、弁護士倫理上の問題が生じます。

もっとも、そういうことがテレビで行われると、一般市民としては、それが普通であると思うものです。私もそうですが、「テレビみたいに相手方の家に直接行ってほしい」とか、そういう希望を述べられて困惑をした経験のある方もいると思います。

そもそも、物理的に面会をするということは、相手方から暴力を振るわればそれまでですし、「もみ合いになって」なにか暴行があったとか、なかったとかのトラブルになることもあります。

ですから、基本的に相手方との物理的な面会は回避すべきでしょう。

敵である相手方との距離を詰めることで、それが説得などのメリットにつながることはあります。ですが、それに比例してリスクも上がりますので、距離の詰め方には工夫が必要です。

電話も同様に、乱暴されるリスクはありませんが、ついつい、お互いにヒートアップして、それで攻撃的・恫喝的な発言をしてしまうことはあり得ることです。油断のならない相手方ですと、電話を録音しながら弁護士を挑発して、問題発言・言質を引き出そうとする人すらいます。

そうすると、相手方との接触手段としては、文書、電話、面会の順番でリスクが上がっていくといえます。

電話も面会も、速やかに事件が進みそうですが、一方で、それと同じくらいリスクがあります。ですから、文書で交渉をして、それで信頼ができそうであれば、電話をする、あるいは面会を検討する、という順番でよいでしょう。

また、依頼者との関係ですが、依頼者からテレビの弁護士みたいに、「突撃」をやってほしいといわれた場合には、どうするべきでしょうか。

依頼者との関係としては、面会というリスクが大きく労力のかかる行為を、言われたからやるし、言われないならやらない、というのは問題があります。重大な手段であれば、弁護士の責任と判断でするかしないかを決めるべきだからです。

さて、それでも、依頼者から相手方と面談してほしい、場合によっては、居所に「突撃」してほしいなどと求められたらどう対応するべきでしょうか。テレビでは、そのような行為について、弁護士の熱心な業務態様という認識で描かれています。なので、このお願いは「熱心」にやってほしいというお願いです。となると、これを断ると「不熱心」と言われかねない、という悩ましさがあります。

上手な断り方としては、難しいとか、自分はやっていない、一般的ではない、ということではなくて、依頼者のデメリットを強調することが大事です。

具体的には、次のようなデメリットや、やるべきではない理由を端的に指摘すればよいでしょう。

① そもそも、「突撃」して思いどおりになる事案はほとんどない

② 時間だけではなくて旅費などの費用もかかる

③ 相手方から不当請求だと言われて、反論される可能性がある

④ 実際問題として、「アポなし訪問」は、不法行為になる可能性もある その場合、弁護士だけではなくて依頼者も責任を問われかねない

⑤ テレビでよく見る「突撃」は「演出」であり、通常の弁護士はしないのが一般的である

⑥ ①〜⑤のとおり、依頼者本人にとって、そもそもメリットがない、デメリットしかない、ということである

なお、電話については、あまりデメリットがないので、断る必要はないですし、事案に応じて積極的にやってもよいでしょう。

もっとも、最近は簡単に電話録音ができます。なので、くれぐれも、口を滑らせて挑発に乗らないようにすることが大事です。

慣れないうち、あるいは、電話が苦手な人ですと、なかなか難しいと思います。コツとしては、あらかじめ話すことを書き出しておくことです。特に、当事者間について高葛藤な案件については、注意が必要です。

実際に私が経験したことですが、個人同士の不法行為に基づく損害賠償請求の事案で双方に代理人がついており、責任の有無や程度について、法的にも感情的にも激しい対立があった、という案件がありました。

この事件では、私は被請求者側だったのですが、双方条件を出して歩み寄っても、なかなか合意に達することは困難でした。

ただ、ある程度条件が近づいてきた段階で、相手方代理人弁護士から電話があり、細かい条件をすりあわせるという機会が得られました。

それでも、金額についてはまだ若干の離れがありました。もちろん、相手方代理人は増額を求めてきたのですが、資力の関係で難しいこと、経済状態について（もちろん依頼者本人の了解を得た限りで）説明をしました。そうしたところ、相手方代理人が、「（被請求者は）ろくに仕事をしていないろくでなしなんですね」と口走ったことがありました。

私は驚いて、「え？　どういう意味でしょうか？」と聞きましたが、特に返答はなく、交渉は続行ということになりました。

事件の経緯や、依頼者から得られた相手方本人のパーソナリティを考えると、相手方本人は、非常に感情的、本件について他罰的になっているようであることが、うかがわれました。

これは、私の想像でしかないのですが、相手方代理人弁護士には、かなり焦りが見られたこと、依頼者本人も目にする書面によるやりとりを避けていたこと、弁護士自身には特に攻撃的・感情的な雰囲気は存在しなかったが、上述のように口を滑らしたこと、以上に鑑みると、相手方代理人弁護士と依頼者（相手方）の間でかなりの緊張関係にあった可能性が高いです。

依頼者からの、もっと強気での交渉をしてほしい、もっと成果を出してほしい、そういうプレッシャーで、ついつい、言葉が過激になってしまうケースもあるようです。

もちろん、電話は即時の双方向性がありますので、最後に細部を詰めるには非常に有効な連絡手段です。ですが、自分の依頼者との関係によっては、以上のようなトラブルを引き起こす可能性がありますので、慎重にはなるべきでしょう。

翻って文書によるやりとりは、以上のようなリスクは存在しません。ですから、最初は、相手方とは文書でやりとりをすることが適切でしょう。

さて、ここまでは、相手方との関係の問題です。ですが、自分の依頼者との関係においても、事前に文書を見せることで、方針や処理方法のすりあわせを行うことができます。相手方に送るものをそのまま見せている以上、「知らなかった」「納得していない」と言われるリスクを大きく下げられます。

自分の依頼者との関係でも、安易に面会や電話を繰り返すと、それで非常に弁護士に負担がかかり、事件処理本体に割り当てることのできるリソースが削られてしまいます。それは、処理の質の低下につながり、結局はトラブルの原因となります。

ただ、文書（依頼者との間ではメールを使うことが通常でしょう）だけですと、どうしても、表現が硬くなってしまう、それが無用な緊張感を招くこともあります。

ですから、通常はメールでやりとりしながらも、節目節目の大事な決断のとき、あるいは、依頼者が感情的になっている、依頼者のコントロールが難しいと感じているときに、面談や電話といったコミュニケーション方法を採用することが合理的です。

5 相手方本人訴訟と「護身」

最近は、インターネットでも裁判に関する情報が手に入りやすくなりました。中には、本人訴訟のやり方を指南する情報もあります。なお、本人訴訟の指南については、情報を販売するのであれば問題ありませんが、非弁護士が行う場合は、関与の程度によっては、問題になります。

個別案件についての指南にまで及ぶと、訴訟事件という法律事件について、指南（指導）という鑑定ないしその他の法律事務を取り扱ったとして、非弁行為（弁護士法72条）になる可能性があります。非弁問題については、ここでは本筋を離れますのでこれ以上は触れません。ですが、本人訴訟を「支援」する名目で非弁行為、つまり犯罪を行う者がいることは確かです。そういう支援者は、要するに犯罪をしているわけですから、その支援がまともなわけがありません。忌避の連発や、訴訟を有利に進めるために相手方代理人弁護士について懲戒請求をするなど、無茶な事件処理をしようとします。

こういう支援者が背後にいなくても、本人訴訟を繰り返す人はいます。裁判をすることは、国民の権利（憲法32条）ですから、それ自体はもちろん問題ありません。

しかしながら、本人訴訟を特定人物や法人に対して反復する人の中には、真実はそうではないのに自己の権利が侵害されたと誤解して訴訟を行う者が相当数存在するというのが、私の経験です。

私は、当初、事件受任のほぼ全てをインターネット経由で行っていました。その中で、それなりの割合を占めたのは、以上のような本人訴訟を起こされて訴状が届いた、という相談です。逆に、本人訴訟をしたい、というような相談は、ほとんどありませんでした。

苦情を反復継続的に寄せる、それ自体が半ば目的になっているいわゆるクレーマーと呼ばれる人たちと、同様の特性があるかもしれません。

もっとも、相手方が何を考えていようが、弁護士としては、適正に訴訟を追行しないといけません。そして、裁判所としてもこういう種類の当事者には非常に手を焼いています。例えば、大規模庁を利用する弁護士や法律事務所職員であれば、書記官室で怒鳴り散らしている本人訴訟の当事者本人を目にしたこともあるのではないかと思います。

こういうケースでは、弁護士は、依頼者の盾となって守る役割があり、自分自身への攻撃を予期して事件処理の支障にならないように構える、また、民事訴訟に関与する法曹として、当該訴訟が円滑に進むように努力する義務もあるといえます。

⑴　依頼者の盾となって守る役割

依頼者を守るためには、他の事件と同様に、相手方からの直接連絡は応じなくてよいし、応じるべきでもない、と通常の事件以上に入念に指示をしておくべきです。といっても、本人訴訟の相手方が個人である場合、その個人のパーソナリティーが狙われた原因になった可能性もあります。弱気であるとか、過度に迎合的であるとか、紛争そのものに対する忌避感が非常に大きいとか、です。

こういう事案における応答する必要のないことの説明のコツは、次のとおりです。

① 実務上、弁護士がついた場合は、依頼している本人は連絡などに対応しないことになっている（弁護士同士の場合は、弁護士会の決まりでもある）

② 裁判や紛争に限らず、担当者が決まったら、担当者以外と連絡をするのは不適切であることは、社会常識である。直接連絡をすることは非常識であるので、応じる必要もない

③ 万が一、相手方から物理的な嫌がらせを受けた場合、その証拠をとっておいてほしい。メモや弁護士への相談メールでも証拠になる

④ とにかく「弁護士の指示で」「弁護士に怒られる」と弁護士のせいにするのが、接触をかわすコツである

⑵ 自分自身への攻撃を予期して構える

自分自身への攻撃を予期して事件処理の支障にならないように構えるには、とにかく隙を見せない、という点につきます。

特に本人訴訟を繰り返している人の中には、いわゆる好訴妄想といって、自分の権利が侵害されている、と考える傾向が非常に強い人もいます。

本人訴訟で裁判を進めていたが裁判所の強い勧めで弁護士をつけたところ、次の期日で、弁護士同士が名刺交換をしていて、「裏でつながっている」と思い込んでトラブルになった、というケースもあります。

また、書面に定型的に「直送済」と記載していたところ、その事件は、相手方本人訴訟で直送ができない案件であり、虚偽を記載したと抗議を受けた、というケースもあります。

とにかく、あらゆる点から、当事者や代理人を論難する材料を見つけ出そうとする傾向がありますので、油断しないようにしましょう。

他に、SNSの更新もそれが公開アカウントなら慎重にするべきです。食事に行った、ということであれば、そのレストランに無言電話をされたとか、出張を報告したら、所属事務所に、「今、○○にいるんだろ！　知ってるぞ！」と、電話が来た、というケースもあります。

なんらかの理由で懲戒請求を受ける可能性もあります。自分のSNS上の投稿について、その相手方とはなんら関係もない、事件外のことであっても、不適切な発言であるとか、品位を損なうとかいわれて、懲戒請求を受けることもあります。

なので、事件処理の過程で、内部的なメモや資料の作成も励行するとよいでしょう。具体的には、依頼者へのメールを頻繁に行うことが効果的です。依頼者への報告が詳細であれば、その信頼関係も強化されます。異常な嫌がらせをしてくる相手方のケースでは、信頼関係はいくら強固でも十分すぎるということはありません。細かく報告を出して、安心するとともに、懲戒請求に備えて、適正かつ妥当な執務をしてきたことの証拠を残していきましょう。

⑶　訴訟が円滑に進むように努力する義務

最後に、訴訟が円滑に進むように努力することもまた必要です。

私の経験からですが、本人訴訟のケース、というより、第２章で触れたとおり、一般市民にとっては、裁判は、権利義務の存否ではなくて、真実や正義を明らかにする場所であるとの認識が強く、そのような役割を裁判所にも弁護士にも求める傾向があります。

しかし、主張書面において、相手方の悪性格を主張したところでこちらが有利になることは稀です。それどころか、合理的な主張・立証ができない（そういう材料がないことを白状している）と裁判所から評価されて、マイナスの効果しかありません。

また、そうした主張の度が過ぎれば、その記載を理由として不法行為として損害賠償請求を受ける、あるいは懲戒請求を受けるリスクすらあります。

主張書面の過激な（相手方当事者を誹謗中傷する）表現を理由に、実際に懲戒処分を受けたケースも散見されるところ、十分な注意が必要です。

弁護士であれば、感情的に相手方を非難する記載は、以上の理由から有害無益であることを知っていますが、本人訴訟の当事者は、そうではありません。そもそも、法廷で、相手方当事者を公に非難することが、提訴の目的であったりします。

弁護士代理であれば、少なくとも、弁護士が以上のデメリットの説明をして、依頼者の理解を得ることも可能です。第２章10や14で説明したとおり、コツが必要ですが、しっかりと説明をすればわかってもらえることが大部分でしょう。

もっとも、本人訴訟となると、こういう説明をしてくれる弁護士がいません。それどころか、そもそも、公に相手方を非難することそのものや、はなはだしく嫌がらせ目的で提訴するケースもあり、これを止める代理人もいません。

もちろん、本人訴訟の相手方が当事者非難に終始して、それで不利益を被るのは自己責任ですし、こちらの依頼者にとっては有利なことです。

ですが、ここで問題になるのが、そういう書面が送られてきた際には依頼者に報告して説明しないといけない、ということです。こちらとしてはまともに相手するべきではない、ということがわかっていても、依頼者が直ちにそれを了解することは難しいでしょう。「こんな酷いことを言われて、我慢できない」「こっちも反論したい」「言われっぱなしですか？」と依頼者に言われると、こちらとしても苦しいものがあります。

こういう場合では、上記の内容をかみ砕いて説明することが大事です。そのポイントを列挙すると、次のようになります。

①　裁判は、どちらが正しいとか正義を決めるのではなくて、証拠から事実を認定して権利義務を判定する場所であること

②　①のような仕組みなので、事実認定に関係のない事情は、裁判所は無視すること

③　関係のない事情を列挙することは、むしろ、大事な主張が薄まってしまうので、有害無益となること

④　嘘の主張、悪口が記録に残ってしまうことについては、関係のない部分には、「認否に及ばない」という方法もあること

⑤　裁判所も困っているので、こちらは淡々と対応して円滑に進行させることが有利となること

なお、法的な主張でも、不明確だったりすることがありますが、その場合、釈明の問題になります。双方に代理人がついていれば、釈明の問題が必要になることは稀ですし、必要になっても、いわゆる正式な釈明権行使が裁判所からなされることはなく、双方の代理人が質問して答える、ということが通例です。

ただし、本人訴訟においては、裁判所に求釈明を求めたり、相手方当事者に直接聞いたりするべきではありません。

裁判所に釈明権の行使を当事者が求めることを求問権の行使といいますが、それを行うべきではありません。

もし、主張・立証に不明瞭の点があれば、通常は、（特に本人訴訟の場合は）裁判所から示唆がありますので、それに任せるべきです。下手に指摘して、反論や非難と混合されて、それで紛争を新しく拡大させるべきではありません。

基本的に審理の進行と整理、当事者が裁判にその目的外のこと（上述したような「公に相手方を非難する等」）を実現しようしている場合の調整は、裁判所の仕事です。

裁判所に委ねるのは少し無責任にも思えますが、本人訴訟の本人当事者は、裁判所のいうことは、（弁護士をつけた方がよい、というアドバイスは除きますが）基本的に素直に聞きます。

なので、当事者同士で場外乱闘をするよりは、裁判所に委ねるのが、裁判所にとっても有益でしょう。

COLUMN　インターネット上の法律デマ

私は、インターネット上の表現トラブルを主な業務の１つとしています。

インターネット上の表現トラブルといっても、その分野は多岐にわたりますが、一番多いのが、誹謗中傷を投稿された、あるいは、投稿してしまった、それで責任追及を受けている、というケースです。

もともと、インターネット上の投稿がトラブルの原因ですので、インターネット上で、そのトラブルの当事者がいろいろと投稿をしていることは目にすることがあります。

中には、当事者同士でどうしたらよいか、情報交換をしているケースもあります。私は、相談者から、そういう投稿のコピーをもらったことが何度もありますが、どうしてそんなデマばかりが生み出されるのだろうか、あるいは、どうしてそれを信じるのであろうか、非常に不思議に思うことがしばしばあります。

ただ、このデマに関する知識は法律相談において非常に有益です。昔、破産すると戸籍に記載されるとか、そういうデマが頻出でした。なので、破産の申立てを扱う弁護士であれば、そういうデマに対して上手な回答方法も自然と身につけていました。

それと同じく、インターネット上の表現トラブルにおける法律情報に関するデマは、大抵、似たようなものが繰り返されています。

インターネット上の表現トラブルでなくても、現在、法律情報をインターネット上で探すことは、一般市民はもちろん、弁護士でさえしていることです。なので、市民がよく信じ込んでしまう、誤解してしまう法律デマについて把握しておくことは、スムーズに法律相談を進めるうえで大事なことであると思います。

このようなデマが生まれる原因ですが、今までになくインターネット上で匿名で情報交換ができるようになったことが第一の原因であると思います。

インターネットであれば、場所的・時間的な支障なく、情報交換が可能です。また、法律問題というのは、なかなか人には言いにくい事情というものもあります。そのあたりを特定されない程度にぼかして、相談をすることが可能になっている、ということです。

そして、大災害のときに流言飛語が飛び交うのと同じく、不安な人は、デマに騙されやすくなっています。また、不安から、あるいは安心したくて、他人のデマに刺激を受けて、自分なりの考えつまりデマを再生産してしまう、ということになります。

こういうケースでは、直ちに、弁護士に相談に行けばよいのですが、相談料の問題を別にしても、弁護士に相談をするというのは、それなりにハードルが高いことです。ですから、弁護士に相談に行った人かそういうインターネット上の情報交換の場から抜けていくことに対して、そうではない人は残留してデマの再生産にいそしむ、という構造になっています。

こういう場合、デマへの信用が強固になっているので、その誤解を解くことは、そう簡単ではありません。場合によっては、「ネットに書いてあることと違う。先生は、どちらの味方なんですか」ということで、なかなか、理解を得られないこともよくあります。

こういう場合、誤解を解いて信頼関係を構築する必要があります。デマの内容はもちろんのこと、なぜ、そういうデマが生じるのか、デマの内容にはどういう傾向があるのか、それらをかみ砕いて説明することが重要です。

これについては、また後掲のコラム「インターネット上での法律デマ～原因と対策～」で、デマが生じる、内容が偏る原因について説明することにします。

6 相手方からの懲戒請求

弁護士にとって、普段の業務で常に緊張を強いられるのが、懲戒請求制度の存在です。

この制度には、次のような特色があり、おそらくは、他の資格職においても類をみない、非常に厳しい構造になっています。

① 申立てがあれば、原則として当然に手続が進められる。文字がほとんど読めない申立書でもそのように扱う

② 審理期間が非常に長く１年を超えることも珍しくない

③ 終わるまでに登録換えができず、それで人生設計、キャリアプランが狂うこともある

④ 品位を損なうべき非行が懲戒の対象であるが、非行事実が幅広い。故意過失は問わないし、純粋なプライベートの行為も懲戒対象になる

⑤ 審理される対象も幅広く、防御が非常に困難である（下手すると、「おまえはこれまで何をしてきた？」と問われる、まるで閻魔の裁きである）

⑥ 身内をかばっているように思われないように、というためか、非常に倫理的に厳しい判断がなされることも多い

⑦ 依頼者や相手方に対応困難者が登場する可能性の高い案件、つまりいわゆる町弁の案件については、（私の肌感覚ではあるが）企業法務関係よりも非常に厳しい判断がなされる傾向がある

もちろん、不当な懲戒請求は、不法行為に該当することがあります。例えば、「弁護士法58条１項に基づく懲戒請求が事実上又は法律上の根拠を欠く場合において、請求者が、そのことを知りながら又は通常人であれば普通の注意を払うことによりそのことを知り得たのに、敢えて懲戒を請求するなど、懲戒請求が弁護士懲戒制度の趣旨目的に照らし相当性を欠くと認められるときには、違法な懲戒請求として、当該弁護士に対する不法行為を構成す

ると解するのが相当である」（長野地判令和４年２月４日（令和３年（ワ）86号）公刊物未登載〔28300743〕）として、33万円の損害賠償を認容した裁判例もあります。

ただ、実際問題として、審理中の精神的負担や賠償請求のコストを考えれば、この賠償金額ではとても間に合いません。

加えて、登録換えもできなくなりますので、それで人生設計そのものが大きく狂ってしまうこともあります。そうなると、もうお金の問題としては解決できません。

かといって、相手方からの懲戒請求の可能性をなくそうと思ったら、それはもう弁護士を廃業するくらいか、純粋に相手方のいない紛争の関係ない案件だけを扱うしかなく、現実的ではありません。

この問題は、要するに、懲戒請求をされにくくすること、された場合に備え、万が一にも懲戒される可能性を減じること、とまとめることができます。

⑴　懲戒請求をされにくくするには

まず、この点については、根本的には、高葛藤な事件を受けない、ということになるでしょう。個人間の争いで、特に高額な金銭は絡んでいないが、積年の因縁が関係していたり、ご近所トラブルで一方か双方が異常な行動をとっていたりといった、そういうケースです。家事事件、特に親権争いとか、あるいは、成年後見事件（専門職後見人が選任されるのは、そもそも、困難性のあるケースが多いと想定されます）もこれにあたるでしょう。

もっとも、こういう案件をひたすら回避していたら、市民社会のためになりません。こういうケースこそ弁護士がつくことが、依頼者のみならず、相手方にとっても、スムーズかつ合理的な解決を目指すために大事です。公益的観点からいえば、むしろ受任を励行するべき案件であるともいえるでしょう。

こういう案件を受任して安全に処理するためには、弁護士が実力を身につけることが大事です。事件処理はもちろんのこと、本書に書かれているような依頼者とのコミュニケーション方法や、依頼者のパーソナリティの把握をはじめとして、最終的には相手方関係のリスクの把握、といったことです。

もっとも、そうはいっても、結局、相手方から攻撃されるかどうかは、ひとえに相手方自身の判断です。そもそも、相手方にとって弁護士というのは敵ですから、弁護士がどんなに依頼者のために尽くしても、その事実は変わりません。それどころか、依頼者のために尽くす弁護士は、相手方にとっては、悪いあいつの味方を全力でしている不俱戴天の敵、ということになります。そうであれば、ますます弁護士は攻撃を受けて当然である、ということになります。

そうすると、弁護士としては、こういう相手方リスクのある案件では、細心の注意をもって受任をすることが望ましいとしても、そのリスクの大小によっては、受任を回避することも必要である、ということになります。

このことは、本書でも繰り返し述べていることですが、自分だけではなくて、事務所の仲間、そして、その事件の依頼者だけではなくて、自分が受任している他の依頼者を守るということにもつながります。要するに、弁護士を含める関係各者全員にとってメリットがある、ということです。

とにかく、弁護士は、一度受任をしてしまうと、委任契約が解除自由であるとはいえ、依頼者に損害を与える場合には責任が生じ得ます。弁護士は、一度受任すると、依頼者との関係でも脆弱になりますが、相手方との関係でも相当に脆弱になります。

以上をまとめると、要するに、相手方からの懲戒請求を避けるには、高リスクな相手方の案件については受任を回避する以外にない、ということになります。

懲戒請求制度が、相手方にほぼノーコスト、低リスクで、弁護士にダメージを与えられる、人生設計すら簡単に崩せてしまうものである以上、このような対応をするのは、やむを得ない（むしろ、こういう消極的対応を現行法が弁護士に強いている、という評価すら可能でしょう）、といえます。

もっとも、そんなことでは、弁護士の社会的責任を果たせるのか、むしろ、こういう案件こそ受任するべき価値が社会的にも依頼者にもあることは、すでに述べたとおりです。ただ、こうした問題、リスクがある以上は、弁護士としては、まずは自分とその仲間、そして他の多数の依頼者を守ることを考えないといけません。ですから、上記のような対応をすることも、やむを得ないのではないか、と思っております。

この問題は、現行法の問題であり、根本的には法改正が必要です。また、かなり私の肌感覚的な意見もありますので、次のコラム「現行懲戒制度の問題と提言」で取り扱いたいと思います。

⑵　懲戒請求を受けにくくするために

次に、受任したあとに、相手方からの懲戒請求の可能性があると感じた場合、あるいは、そもそも相手方から懲戒請求を受けるリスク、受けにくくするための留意点については以下のとおりです。

①　とにかく迅速に進める。遅れている、ということだけで、相手方からの懲戒請求のリスクは上がる

②　こちらから期限を切ったりしない。弁護士が自分で設定した期限が経過してもなにもしない、あるいは、経過後にしばらくしてから法的措置をとっただけでも、前言と矛盾する振る舞いをした、不安にさせた、ということで懲戒請求をされるリスクがある

③　言葉遣いには細心の注意を払う。「殿」より「様」を使用する。また、不用意に、あるいは、そもそも法的意味がない、相手方を非難する記載はしない（これは、通常の案件でもそうですが）

④　交渉にしろ、裁判上の書面にしろ、まるでこちら側（弁護士）が、主張事実を信じているとか、認定していると誤解を招くような表現を避ける。もっとも、中心の事情はそうもいかない（文章に説得力がなくなる）ので、中心の事情はそのまま、周辺事情は依頼者本人が主語と明示されるように心がける

※例えば、「貴殿は通知人の配偶者と不貞行為をしました」という記載は

やむを得ない。これは、請求する事実の中核だからである。しかし、周辺事情については、そうではなく「貴殿は通知人の配偶者の精神的不安定に乗じて、半ば強引に肉体関係を持ったと、通知人は理解しております」というようにする。特に、主観的な感想は相手方の認識と大きく異なることもあり、ここで弁護士もそう信じ込んでいることをアピールすると、交渉上もかえって不利になりかねない

COLUMN 現行懲戒制度の問題と提言

私たち弁護士には弁護士自治が認められており、弁護士資格への処分である懲戒は、所属弁護士会が行うことになっています（弁護士法第56条１項、２項）。

その趣旨は、弁護士は場合によっては国家権力や、社会的な権力とも対峙しないといけないこと、その中にあって独立性を守るためであるとされています。

なお、これはしばしば誤解されているところですが、弁護士会が懲戒をするといっても、その決定は弁護士の独断ではなく、裁判官や検察官、学識経験者も関与する（同法第70条の３第１項、２項）ことになっています（綱紀委員会の委員）。

現行の懲戒制度については、しばしば、「これが懲戒される一方で、あれが懲戒されないのはおかしいのではないか」「厳しすぎるのではないか」と問題が指摘されています。

もちろん、処分を受ける弁護士からすれば、懲戒処分の判断基準は甘ければ甘いほどよい、ということになります。しかし、もちろんそれでは社会の信頼に応えられず、弁護士自治の廃止と、弁護士の独立性への危機につながりかねません。

ただ、私は、一定の厳格さを、それも他の資格職の中でも一番厳しい制度の必要性は認めつつも、やはり今の制度は不合理で厳格に過ぎると思います。そして、この制度の問題で不利益を受けているのは、弁護士の中でも慎重で誠実な弁護士であり、利用者である市民であると思っています。

正確な研究をしたわけではありませんが、多くの弁護士も同意する肌感覚として、懲戒の基準は不明確であるだけではなくて、企業法務や破産管財人に寛大である一方で、いわゆる町弁業務（一般民事）には非常に厳しい、というものです。

個別の案件について、詳細に言及はしませんが、一例を挙げると、企業法務においては法廷で自作自演をしても懲戒処分をされるか否かの境目であり、一般民事においては、バラエティ番組で自作自演をしたら、一発で業務停止、ということも目にしたことがあります。このような実態については、弁護士会も鼎の軽重を問われるのではないでしょうか。

このような傾向があるため、高葛藤案件が多い町弁業務については、受任に慎重にならざるを得ません。

過去に日弁連が「ご近所トラブルは弁護士に相談を」という趣旨の宣伝をしたことがありました。SNSでは、一部の弁護士から冷ややかな目が向けられましたが、私もやや疑問を感じざるを得ない宣伝だと思いました。

なぜなら、ご近所トラブルは高葛藤案件の典型であり、高確率で懲戒請求を受けることになりやすいからです。

請求している側、つまり、なんらかの被害を訴えている側から懲戒請求を受ける可能性は十分にあります。例えば、ご近所トラブルの典型といえば、騒音でしょう。子どもの声や、布団を叩く音がうるさいとか、家や車のドアを閉める音がうるさいとか、そういうものです。こういうトラブルにおいて、請求されている側（加害者と言われている側）に弁護士がつくと、請求している側は「自分は騒音でこんなに苦しんでいるのに、その苦しみを理解せず、騒音で攻撃する加害者に協力するのは許せない」とか、和解後も「和解条件が守られていないのは、弁護士のせいだ」などの思い込みに陥ってしまい、相手方の弁護士に対して不満を抱きやすいです。

また、ご近所トラブルというのは、住んでいる場所、日常生活そのものが事件現場です。依頼者も不安や弁護士への不満を抱きやすく、昼夜問わない連絡への対応を求められ、それが不十分だと、依頼者からの攻撃も受けかねません。

そして、個人間の、いわゆる町弁案件の懲戒処分が厳しい傾向にあると思われるのは、前述のとおりです。

そうなると、現行の懲戒の傾向からすると懲戒を受けるリスクは低くはありません。ご近所トラブルを積極的に受任したい（できる）弁護士がどれくらいいるというのでしょうか。

また、実際に懲戒処分を受けなくても、どんな理由であっても懲戒請求を受ければ調査が開始され（同法第58条２項）、その間は、弁護士会をまたいで事務所を移転することもできません（同法第62条１項）。もちろん、対応のために経済的にも心理的にも消耗することになります。

弁護士会をまたいで事務所を変更できないということになれば、事実上、転居することも困難になるでしょう。まるで住居を制限された保釈中の被告人のようです。果たして、なぜ弁護士だけが、なんらの利害関係もない第三者からの紙一枚で、居住移転の自由（憲法第22条１項）を剥奪されなければならないのでしょうか。このような職業が、他に存在するでしょうか。

それだけ弁護士が特別な職業であり、常に襟を正すべきである、清廉潔白であることを公私にわたって誰よりも意識しなければならない、そのような職業観を採用するのであれば、私は賛成できませんが、それもよいでしょう。

しかし、そうであれば、ご近所トラブルをはじめとする個人間の高葛藤のトラブルは避けざるを得ません。また、誤解を避けるために慎重の上にも慎重を期した振る舞いをすれば、相談を受けることや受任することにも慎重になり、弁護士は「気軽に相談できる」「頼りがいのある」存在とはかけ離れた存在になります。はたして、市民はそれを望んでいるのか、社会の期待に応えられるのか、それを懲戒の実務に関わるベテラン法曹は目指しているのか、疑問なしとはいえません。

いわゆる「町弁」の一人である私としては、「首都の綺麗な司令部の大将が、

COLUMN

最前線のジャングルで戦う兵隊に向かって、『軍服を泥で汚すのは兵隊の品位を損なう』と言っている」ように聞こえてしまいます。

①利害関係のない第三者でも懲戒請求ができる、②基準が「品位」であって広範で不明確、③懲戒請求中の登録換えの制限、これらはいずれも、弁護士が大事にすべき基本的な憲法的な価値観に反するのではないでしょうか。

①は、他人間の紛争への介入を規制する非弁規制（弁護士法第72条）の趣旨と相容れないでしょう。また、価値観が多様化した今日では、「だれにも喜ばれる弁護士活動」など絶対に不可能です。②は、罪刑法定主義（憲法第31条）や、そもそもの自由主義的価値観とも相容れません。③に至っては、居住移転の自由（憲法第22条1項）や推定無罪（憲法第31条）と真っ向から反するのではないでしょうか（もちろん、懲戒処分は行政処分であって刑事処分ではありませんが）。

もちろん、懲戒制度の緩和を弁護士（会）が訴えるのは、我が身かわいさであるとの批判もあるでしょう。しかし、批判を恐れて弁護士が自由かつ十分な弁護を市民に提供できなくなっては本末転倒です（そもそも懲戒制度とは別に、弁護士から被害を受けたのであれば、民事訴訟や紛議調停といった解決手段が用意されています）。弁護士（会）が、これを恐れるのは、「社会に非難されるのが怖いから、凶悪犯で訴追されている被告人の刑事弁護はできません」というようなものではないでしょうか。

弁護士と利用者のために、今の時代にあった懲戒制度の再設計が必要であり、そのために、弁護士（会）は、勇気を持って声を上げなければならない時期に来ていると思います。それができなければ、弁護士自治は、むしろ内側から崩れてしまうのではないか、と私は危惧しています。

7 弁護士依頼と本人訴訟におけるインターネット上の情報の影響の実情

最近は、インターネットでも裁判に関する情報が手に入りやすくなりました。

少し検索すれば、法律事務所が解説したサイトや、弁護士のブログなどが見つかり、そこから豊富な情報を得ることができます。自分の案件に合致するような情報を得ることも珍しくはありません。

すぐに検索に頼るのは専門職としてはどうか、という意見もあるようです。

しかし、使えるものはなんでも使って、よい結果をもたらす、また迅速処理をするのは、それこそ専門家たるべき者の責務でしょうから、積極的に活用して問題はないと思います。

さて、インターネット上の情報において、特に非法曹や非専門家、紛争の当事者自身が発信する情報の中には、誤りのあるもの、デマや流言飛語の類いのものも少なくありません。また、中には、本人訴訟のやり方を指南する情報もあります。なお、本人訴訟の指南については、情報を販売するのであれば問題ありませんが、非弁護士が行う場合は、関与の程度によっては、非弁行為という問題になります。

もっとも、この問題については、本書の取り扱うテーマから離れる（いわゆる、非弁行為というジャンルの問題です）ので、その点はさておくとして、ここでは、インターネット上の法律情報の現状と課題、弁護士業務への影響、こういう情報が生まれる背景と対策について触れておきたいと思います。

まず、弁護士業への影響ですが、相手方が本人訴訟であり、インターネット上の情報を駆使して対応してきた場合、それで弁護士側の事件処理に支障が出る、ということはあまりありません。たいていの場合は間違っていますし、むしろ、都合よく誤解して、ミスをして自爆するケースもあります。なので、実益のない書面を読まされるとか、直送等について手間暇がかかる以外は、依頼者にも弁護士にも悪い影響はあまりないということができるでしょう。

実際に本人訴訟について情報を提供しているのは、本人訴訟の当事者です。法曹などの専門家が提供しているものではありません。

ですから、実体験や自分が調べた範囲（それも自分に都合がよい情報）に基づいて情報を提供していますので、勢い不正確になります。そういう情報に基づいて訴訟を追行すれば、当然ながらよい結果を得ることはできません。

もっとも、そうは言っていられない、つまり、こちらにとって悪影響があるケースもあります。

典型的なのは、インターネット上の都合のよい情報を信じ込んで、そのとおりにしてほしい、そのとおりにならないのは弁護士の責任である、と責められるというケースです。

これは、インターネット上で重病について、効果が証明されていない民間療法が簡単に治癒する方法ということで紹介されており、それを使ってくれと患者が医師に迫るケースと類似しています。

これについては、適切に説得をしないと、受任ができません。もちろん、こういう依頼者は対応に苦慮することもある依頼者です。ですから、あえて受任をしないのであれば、問題はありません。

ただ、そういう人は、そのまま放っておくと、本来得るべき権利を失い、あるいは、負わなくてもよい義務を負担することにもなりかねません。弁護士の公益的な使命や、健全な司法制度、法の支配の実現という観点からいえば（これは、やや大仰な表現かもしれませんが）、なるべく受任して、正しい道を進んでもらうのが、適切でしょう。

そのあたりの説得方法についてですが、これを理解するためには、インターネット上の法律情報にはどのようなデマがあるのか、そのようなデマが生まれて信じ込んでしまう構造、理由などを踏まえて考える必要があります。

これについては、次のコラム「インターネット上の法律デマ〜原因と対策〜」で扱います。

COLUMN　インターネット上の法律デマ～原因と対策～

インターネット上では、非常に多くの法律、特に裁判に関するデマが流布されています。

これらで相手方が自爆するのであればともかく、自分の依頼者が誤信してしまい、その誤解を解いたりすることを強いられる弁護士にとっても無関係であるとはいえません。

そこで、ここでは、まず、実際にどういう法律デマが流布されているのか、その一端について述べたいと思います。

最初に、私がこうした情報に触れるようになったきっかけですが、私はインターネット案件を多く取り扱っています。

一番多いのが、インターネットを舞台にした誹謗中傷、名誉毀損、プライバシー侵害の案件です。被害者側はもちろん、加害者側（発信者側）や、プロバイダなどの通信会社側を担当することも多くあります。

個人の依頼者の中には、それなりの割合で、「ネットで、○○と聞いたのですが、本当ですか」というような質問をしてくる人もいます。

そういった質問内容の多くは、到底、法律上あり得ないような、実務を無視した「アイディア」ですので、とてもその意見のとおりにすることはできません。

もっとも、私が知らないだけで、本当はそういう方法があるのかもしれません。そこで、すぐに否定することは避けて、そういう情報の出所はどこか、どういう理由や論拠が示されているのか、そういったことをなるべく尋ねることにしています。

そこで、実際にそのインターネットの記事や投稿を持参してもらうわけですが、初めて見たときは、大変驚きました。

もちろん、デマが大量に流布していることはなんとなく予想がつきました。しかし、それだけではなくて、なんとなくそれらしい専門用語が並べてあって、知らない人が信じてしまうような内容であること、法曹ではないにしても、大学法学部かなにかで少し法律を学んだ経験がある人が書き込みをしていることもあるようでした。

もちろん、すぐにデマであること、その根拠についても、条文や法制度から説明ができる程度の簡単なものなのです。ですが、特に匿名掲示板における法律デマは非常に多種多様で、どうしてこういう誤解が生じるものかと、興味すら惹かれるものです。

全てを挙げているとキリがないのですが、一部を取り上げると、次のようなものがあります。

○匿名掲示板における法律デマの一例

・立証責任は原告にあるので、被告は全部否認すれば、それで裁判は終わる

・１回目は被告は出席しなくてよいので、答弁書で全部否認すれば、すぐに裁判は終わるので大丈夫

・裁判所は公平なので、特に、いろいろと主張したり、裁判例とか、法律について主張したりしなくても、わかってくれる。公平に裁判例にしたがって判決するので、特に被告がやることはない

・インターネットの投稿ぐらいで請求をするのはやり過ぎなので、権利濫用を主張すればよい

・請求を受けた側が示談（和解）をするのは不利である。裁判所にも勧められるが、全部拒否すれば、請求者は非常に困る。和解とは敗北である

・インターネット上の案件、特に開示請求をしている弁護士は、他に仕事がない駄目な弁護士である。過払いの次のバブル的分野である

・インターネット上で情報を発信している人は、自分の対立する立場の人

間を不利に誘導するために情報工作をしているのである
・地方裁判所は駄目な裁判官が集められる二流三流の裁判所であるので、当てにならない

法曹三者からみれば、呆れるというか、笑ってしまうような内容です。しかし、笑い事では済みません。

第３章7でも触れたように、社会全体の利益からみれば、間違った判断で、本来得ることのできる権利を失ったり、負担しなくてもよい義務を負担したりする人が出てくるからです。これは、健全な法治社会とはいえません。医療の世界でも、誤った治療法で病気になり、あるいは悪化させる人が多数出るのが公衆衛生の脅威になったりすることは、コロナ禍で多くの方が実感したでしょうが、法律の世界でも同様のことがいえます。

さて、このようなデマが生まれる原因はどこにあるのでしょうか。

これらのデマや、デマを流布している投稿をみると、特徴的なのは、法律用語（らしきもの）が使われていること、一般的・基礎的な法律用語は正しく使われているが、実際の適用は誤りであること、実務上の扱いに触れていないか、誤った内容を紹介している、ということです。

例えば、立証責任の関係でいえば、何か請求をする原告に立証責任があり、証明できなければ請求が認められないこと、確かにこれは正しいことです。そして、大学生向けの教科書にも共通して大きく取り上げられる基本事項です。

もっとも、実際は、立証責任の原則があるとはいえ、厳密な客観的な直接証拠がなくても、動かしがたい事実をいくつか組み合わせて、推認を重ねて事実が認定されることはよくあることです。また、事実を否認しても、それについて合理的な説明がない場合、相手方の提出する情況証拠からの推認を

COLUMN

破れずに、事実を認定されてしまうのもよくあることです。

ここからわかることは、デマを投稿してしまっている人は、なんらかの法律を勉強したけれども、実際に専門家や、それに準じるトレーニングを受けていない、あるいは、助言も受けていない人であることが想定されます。専門家であればあり得ない勘違いです。また、専門家からの助言を受けていれば、こんな間違いを投稿することはないでしょう。弁護士であれば相談者に法律用語ではなくて、見通しを教えるので、もっともらしいけど不正確な法律用語を並べるのも、弁護士から助言を受けていれば考えにくいことです。

ここから、法律デマ投稿者には、付け焼き刃で法律を学んだ人物、具体的には、紛争の当事者であって、不安なので、安心するためにネットでいろいろ調べて、それを投稿している人が多いのではないか、ということが想定できます。

弁護士も、自分が経験すると痛感することですが、紛争の当事者になる、特に訴えられる、あるいは、訴えられるかもしれない、という状態は非常に不安なものです。

不安からインターネットでいろいろと検索をする、ただ、基本的にインターネット上には自分の事件にしっかりと噛み合った情報は存在しないですし、仮にあったとしても選別することは一般市民には不可能です。

ただ、紛争の当事者は、基本的に自分が正しい、少なくとも100%相手が正しいということはない、と思っています。そういうバイアスの中で、自分にとって有利な情報は真実であると考えて情報を収集していく、というわけです。

また、そうやって集めた情報を、同じ立場の人間が、匿名掲示板などで交換を繰り返していきます。

例えば、不貞慰謝料であれば、配偶者と不貞行為をされた側の配偶者はその立場同士で、不貞行為をした者らはその立場同士で集まります。私の扱うインターネットトラブルですと、投稿された人と、投稿について責任追及を受けている人と、それぞれ同じ立場の人たちで集まって情報交換をします。

そうすると、必然的に、自分にとって有利な情報は正しく、不利なものは間違いと信じ込み、有利な情報だけが、たとえ誤りであっても繰り返し登場し、確信を強めていくことになります。中には弁護士に相談して正しい情報を得た人もいますが、そうなると、インターネットで情報収集する必要がなくなりますので、もう投稿しないことになります。

こうして、弁護士から正しい情報を得られていない人同士で、それぞれの立場に偏った情報を交換し続け、濃縮されていく、ということになります。

以上、要するに、紛争であるがゆえに自分が正しい、だから自分に有利な情報だけが正しいと信じるという偏りが生じる、そういう情報交換をしている人々は、弁護士に相談すればこの輪からは外れるが、相談しない人は外れないので、そういう人だけが残っていく、ということになります。

さて、こういう法律デマを信じ込んだ相談者への対応方法ですが、誤解を解くのはさほど苦労しません。

単に間違いであると否定するだけではなくて、以上の仕組み、つまり同じ立場の人間同士で情報交換をしている、弁護士に相談をした人は情報交換から外れるので、間違いが放置されるという構造を案内すれば、すぐに理解してもらえると思います。

いくら法律デマを信じ込んでいたとしても、相談に来た時点で、そういうインターネット上の情報だけで対応することに不安を感じていることが多いでしょうから、さほど誤解を解くのに苦労はないと思います。

もっとも、法律情報をインターネットでよく調べたがる人は、第2章10と11で触れたように、法的手段を指定したがる傾向があります。

COLUMN

これについては、上記で解説したように、契約書の記載を工夫する、また、手段についても基本的に弁護士の方針に従ってもらうことを納得させることが大事です。

第4章

第三者・メディアからの「護身」

1　「護身」対象の広がり

弁護士が「護身」するべき対象は、依頼者や相手方だけではありません。むしろ最近は、第三者やメディアから身を守ることが重要です。

弁護士という職業にとって、依頼者や相手方がときに脅威になることは昔からあったことだと思います。しかし、最近は、第三者、メディアといった、その弁護士とはなんら利害関係がないはずの者から攻撃を受けることが増えています。これは、これまでになかった現象です。

本章では、なぜそういう攻撃が生じるのか、原因について考察するとともに、どういった振る舞いがリスクになるのかについて解説していきます。

特に前半では、関係する弁護士も多いと思われるSNS一般について解説します。

後半はそれをベースに、SNSに限らないテレビ他の一般メディアとの付き合い方や、リスクについて触れていきます。

2　弁護士は見られている

弁護士は、いつも見られています。といっても、普通は見かけからすぐに弁護士であるということはわかりません（バッジをつけていれば別ですが）。

しかし、インターネット上では、特に営業や同業者との交流を目的にするのであれば、弁護士であることを明示して、実名を明らかにしていることが多いでしょう。

こういう実名の弁護士というのは、基本的に注目を集めます。そもそも弁護士自体、数が増えたといっても全人口からみればごくわずかです。よく比較される医師と比べても、医師が30万人を優に超えるのに比べて弁護士人口は、まだ５万人に達していません。

ですから、珍しい存在として注目を集めやすい、自分が注目を集めるというのは、広報、発信力という観点からはプラスですが、自分の発信がもとで炎上するとか、攻撃を受けるとか、そういう点ではリスクであると認識する必要があります。

特に、本章3以降でみるように、弁護士は注目されているだけではなくて、恨まれ、あるいは侮られています。

3 弁護士は恨まれている

弁護士は恨まれています。

もちろん、弁護士は紛争を扱い、片方の立場で味方するわけですから、敵からすれば恨まれます。

しかし、それだけではありません。敵つまり相手方以外の第三者からも、弁護士はひたすら恨みを買いやすく、しばしば逆恨みのターゲットになります。

弁護士からすれば、自分となんら接点のない人から敵意を向けられるのは、非常に困惑することです。ですが、次のような構造を理解しておけば、ある意味「自然な」ことなのかもしれません。

弁護士は紛争を取り扱いますが、弁護士に相談する人というのは、紛争の渦中の中、あるいは何か違法な状態の中にいて、損害を被っている人です。

例えば、家庭内でDVをしている、元交際相手にストーカー行為をしている、会社で労働法を無視して従業員を働かせている、こういう立場の人からは、問題が起きるまでは基本的に相談を受けることはありません。

こういう立場の人々から相談を受けるとすれば、それは、違法行為をした後ではなくて、それについてなんらかの責任追及をされたという段階からです。

「残業代未払いで働かせているのですが、どうにかしてください」という相談を会社から受けることはまずありません。ですが、労働者から「残業代未払いで働かされているので、どうにかしてください」という相談を受けることはあります。また、会社からも「残業代未払いということで、残業代を支払うように請求を受けました。どうにかしてください」という形式であれば、相談を受けることはあります。

要するに、弁護士に相談する人というのは、現在、違法状態に置かれていて、それによる損失のある人です。先ほどの例でいえば、残業代を支払わないという違法な状態により、本来得られる残業代を得られていない、という状態の人ということになります。

一方で、その相談の相手方は、違法状態で不当な利益を得ている人、ということになります。先ほどの例でいえば、残業代を支払わないという違法行為によって、その支払いを免れるという利益を得ている会社、ということになります。

これこそが、弁護士が、直接の相手方だけではなくて、相手方と同じ第三者一般からも恨みを買ってしまう構造の根本であると私は考えます。

すなわち、相談者からすれば違法な状態の是正ですが、相手方からすれば、今までの自分が利益を得て、自由にできていた違法な状態を破壊される、ということになります。

違法な状態であっても、自分が利益を得続けてきたわけですから、悪いという感覚が薄いこともしばしばあります。その状態で安定して利益や自由を享受してきたわけですから、相手方にとっては、一種の「秩序」でもあります。

それを、外からやってきた弁護士に壊された、ということで、あたかも弁護士がそそのかした、あるいは弁護士のせいで「秩序」、自分の世界が破壊された、と感じることも少なくありません。

弁護士が１回介入すると、例えば残業代未払いの事例であれば一斉に請求を受けて不払いが解消される、つまりは不払いができなくなる、ということはよくあります。そうすると、相手方としては、ますます「秩序」を破壊されたと感じます。

これは、残業代未払いだけではなくて、例えば、DVやモラルハラスメントの案件、あるいは、パワーハラスメント、セクシャルハラスメント、ストーカーの事案でも同じことがいえます。被害者が泣き寝入りを強いられていた状態を是正するわけですが、相手方からすると、自由にそういうことができた世界を破壊されることになります。

今まで無抵抗で「納得していた」はずの人が、急に弁護士をつけて反撃をしてきた、これは弁護士がそそのかしたに違いない、と思うわけです。

そうすると、その相手方代理人の弁護士のみならず、弁護士は誰かをそそのかすことで、自分たちの世界や「秩序」を破壊してビジネスにしていると思い込み、弁護士という属性そのものを恨むようになります。

違法状態で他人を支配しており、それが破壊されることに非常に憎悪を抱いているような、敵に回すと非常にリスキーな人たち、自分が顔も知らない、話したこともないそのような人たちから、恨まれているということは、常に心にとめておきましょう。

弁護士が公になにかを発信したりするとき、なんらかの誤り、過ちを見つけて攻撃する機会を虎視眈々と狙っている人がいるのです。

4 弁護士は侮られている

平成の司法改革により、法曹の増員が企図されましたが、結局、増員されたのは弁護士だけで、検察官や裁判官はほとんど増員されず、むしろ採用数は減少しています。

法的需要の伸び、OJTの問題、既存の法制度の実情を無視した無謀ともいえる増員が一時期行われたことにより、弁護士という職業の経済的魅力が大いに低下しました。

それと、司法修習における給費制の廃止（その後に一部復活）によって、新人弁護士が経済的に困窮することも増えてきました。

こういう経済的な独立性、安定性が低下すると、酷い条件の事務所に就職を強いられる、あるいは、悪質な依頼、事件処理に手を染めるということに結びつきやすくなります。

最近は、大分事情が改善されたとはいえ、一時期の新人弁護士の困窮は大きな問題になり、一般メディアでも、報道されました。その中には、ともすれば面白おかしく、新人弁護士の困窮を取り上げるものもありました。

こういった状況悪化によって転落するという話は、下世話なことではありますが、人々の耳目を集め、娯楽にもなりかねないものです。

このような環境の中で、弁護士の社会的地位が低下してしまったというのは、否定できないと思います。弁護士という職業に対する一種の「侮り」が生じて、それが、本章❷、❸で述べたような事情、あるいは本章❺で指摘するような事情と相まって、弁護士がインターネット上で攻撃されやすい原因になっていると思われます。

こういう「侮り」が攻撃されやすさにつながっていることは心にとめておいた方がよいと思います。

5 SNSでは誰かの失敗が大人気

SNSでは、弁護士に限らず、誰かの失敗が娯楽になることがたびたびあります。

例えば、(犯罪を「失敗」というのは少し抵抗がありますが) 誰かが逮捕されたタイミングで、その人のSNSのコピーなどが流布され、「こいつ、○○のくせに△△で捕まった」などといろいろと個人情報が掘り出されることは日常茶飯事です。

恐ろしいのが、普段からその人に恨みがあるとか、失敗のタイミングを待っていたとか、そういうことではなくて、単に失敗した人、不祥事を起こした人について、攻撃ができればよい、自分とはなにも関係がなくてもよい、という人が多くいるということです。

これに関連して、私自身も、興味深い経験をしたことがあります。

ある日、Twitterを開いてみると、私宛にいくつもメッセージが届いており、「セクハラをしたことについてなにか説明はないのですか？」「セクハラしたこいつ、このアカウントでTwitterやっているよ〔私のID〕」「執筆中の書籍で自分のセクハラについて書く予定はありますか？！」というような内容でした。

もちろん、なにも身に覚えがなかったのですが、少し調べてみると、次のようなことがわかりました。

ある人が、セクシャルハラスメントを疑われる振る舞いをした疑惑を持たれており、その証拠とされるデータがTwitterにアップロードされ、批判が集中していわゆる炎上というような状態になっているようでした。

その人は、Twitterアカウントをもっており、有名だったようですが、その時点では、鍵をかけた状態（非公開状態で、フォロー許可をされているユーザー以外は誰もその人のアカウントを閲覧できない。炎上中はしばらくこの状態にして嵐が過ぎるのを待つことはよくあることです）でした。

私は、その人とはなんの関係もないですし、そもそもこの事件が発生するまで全く知らない人でした。Twitter上を検索して、ようやく事情が飲み込めましたが、なぜ、私宛に来るのか、どうやら私をその人物と混同しているようでしたが、誤解の理由がすぐにはわかりませんでした。

ただ、よくよく調べてみると、どうやら、その人は「先生」と呼ばれる職業であること、その人のニックネームと私の名字である「深澤」が少しだけ似ている、という事情がありました。

どうやらそれで、何人か私と勘違いして接触してきたのではないか、と思われます。当の本人はアカウントを非公開状態にしているので、検索で引っかからず、私だけがヒットしたという、どうにも迷惑な話でした。

ただ、勘違いして私にメッセージを送ってきた人について、それぞれ過去の言動を調べると、全員が件の人とはなんらの関係も、利害関係もなさそうな人たちばかりでした（もちろん、私ともなんらの利害関係もありません）。

以上をまとめると、次のようなことがいえます。

① SNSには、他人の失敗やトラブルが大好きな人たちが相当数いる

② その人たちは、他人の失敗やトラブルを見つけると、すぐにそれを「標的」として、攻撃を始める

③ その人たちは、別に個人的に好悪の感情で攻撃をしているのではなく、そこに失敗やトラブルがあるから、程度の動機しかない

④ ほとんど反射的に判断し攻撃を行う人が多いため、通常では考えられない誤り（私のケースのように、せいぜい１文字名字とニックネームが似ているくらい（！））があることもある

以上は、私の実体験です。ですが、私はこのような「攻撃」が法的トラブルに発展してしまったケースを多数担当してきました。それらについても、概ね、以上のような理由で、慎重に検討することなく反射的に、無関係の第三者を攻撃してしまうといったケースでした。

さて、以上は失敗ないしトラブルということでしたが、それよりも人気があるのは、紛争です。なんらの利害関係もないのに、他人間の紛争に介入をしようとする、どちらかを応援しつつ、どちらかを攻撃することを楽しむ、という動きもSNSにおいては非常に活発です。

「火事と喧嘩は江戸の華」なんて言葉がありますが、「炎上と紛争はSNSの華」と言えるのかもしれません。

6 「あなた」ではなくて「弁護士」が問題であるという話

本章5で取り上げた話は、弁護士に限った話ではない、と思われるかもしれません。

しかし、特に弁護士は、このような紛争やトラブルに巻き込まれることが

非常に多いです。これはSNS上に限らず、他のメディアにおいてもです。

この原因は、まさに本章で扱ったような事情が原因です。弁護士の業務の性質から、担当事件の当事者だけではなくて、同種の事件の関係者からすら、「弁護士のせいで思いどおりにならなくなった」ということで、恨みを買いやすい、むしろ、恨んでいなくても、攻撃のターゲットになりやすい、ということです。

例えば、自分が家事事件を一切手がけていなくても、家事事件の当事者から、弁護士は家庭を破壊することをビジネスにしている、弁護士は悪い奴だ、などといわれることは、SNS上では日常茶飯事です。

法科大学院の法曹倫理の授業や、新規登録弁護士向けの倫理研修では、実際に弁護士業務をする中での注意点、つまり弁護士という仕事の注意点を学ぶと思います。

しかし、弁護士が情報を発信し、あるいは弁護士に関する情報が積極的に発信されている今日では、弁護士であることそのものにもリスクがあり、注意する必要があるということです。

7　SNSの危険テーマとその傾向

著名人や企業が公式アカウントで発信する場合においては、なるべく政治についての発言は控えるべきである、また、宗教や文化、民族の話題についても、どこにトラブルの引き金があるかわからないので、差し控えるべき、とよくいわれています。もはや、これらの注意点は常識化しているといってもよいでしょう。

さて、弁護士が実名で発信する場合でも、同じような注意点があります。特に、弁護士の場合は、懲戒請求のリスクもあります。実際に懲戒にならないにしても、対応のためのコストは相当なものです。意外にも弁護士は、嫌がらせへの防御力が低い仕事といえます。

弁護士業の関係での具体的な危険テーマですが、なによりも家事事件関係については、危険であるといえるでしょう。この事件の当事者は、一方当事者の行為、関係の変化で、それまでの生活、人生が一変しています。悪い方向に変化した人にとっては、大変つらいことです。

そして、これは人間として自然な感情、やむを得ないことですが、たとえ、自分に落ち度があったとしても、それは認めたくないものです。また、自分に落ち度があることに気がつかないからこそ、家庭の関係が壊れたのかもしれません。そういうことで、原因は自分ではなくて、弁護士が配偶者をそそのかしたせいである、それで家庭が壊れた、と信じている（信じたい）人は少なくありません。

また、成年後見についても、同じような構造があります。親族の財産を自由に使うことができたが、それが今後は自由に使えなくなる、それどころか、後見人の報酬により、親族の財産が目減りしてしまう、という不満を抱くことは、よくある話です。

もちろん、弁護士が家庭を壊すなんてことはほぼ不可能です。そもそも、相談に来てもらわないと進まない、つまり、弁護士に自発的な相談を持ちかける状態に至らないと弁護士の出番はないからです。弁護士ができるのは、（当事者間の合意で関係を調整・修復できることもあり得るとしても）基本的に、壊れてしまった家庭の後始末です。

また、成年後見についても、そもそも、後見人について親族ではなくて、あえて弁護士や司法書士といった専門家後見人が選ばれるには、それなりの理由があるものです。不満を抱かれるということは、それ自体が、専門家後見人が選ばれるべき理由を裏付けているといえます。

ただ、もちろん、こういう話は相手方には関係ありません。前に述べたように、こういうテーマで弁護士を攻撃してくる人は、自分が自由に加害できる自分たちの世界や「秩序」を壊された、相手にとってはつらくても自分にとっては幸せと信じ込んでいたその世界を壊された、と思い込んでいるからです。

もっとも、SNSを、自分の弁護士としての活動を広げるツールとして利用するのであれば、そのような話をすることを避けることはできません。

そこで、その場合のコツですが、内容をなるべくぼかして抽象度を引き上げるということ、そして、その事案の個別性を強調する、ということです。また、自分がそういう指摘をする理由を明示することも大事ですし、中立性や公平性を理解してもらえやすくなります。

具体的に例を挙げると、次のとおりです。

> ○悪い投稿例
>
> 最近、受任案件で、DV加害者である夫の対応が非常に悪質である。単に、妻を支配する手段として、親権を強硬に要求している。養育費も払わないので、非常に悪質である。

これは、それぞれ、主体を限定しており、読んだ人間が自分のことをいっているとか、離婚案件は全てそうなのか、と曲解をして攻撃の対象になりやすいという問題があります。

もう少し、事案をぼかして、かつ、主体を抽象的に、説明のある内容にすると、次のようになります。

> ○改善した投稿例
>
> 最近担当している家事事件の中には、DV行為を主張されている側の配偶者の対応に問題があると感じる。養育費も支払わずに、親権だけを強硬に要求しているので、真意を測りかね、相手方に不安を与えるので、交渉が円滑に進まない。

まず、多いとか少ないとか、そういう話は、正確ではないです。もちろん、経験の範囲では正確なのですが、これを曲解して全体の話であると誤解したまま攻撃する人がいます。なので、こういう表現は避けるべきでしょう。そこで、自分の個人的な感想、最近の担当案件の感想であることがわかるようにします。

また、主張と真実は別の問題です。なので、当方依頼者の主張を真実という前提にするのではなくて、あくまで、主張されている事件、という把握にとどめて、決めつけであるとの誹りを回避するべきです。

例えば、上述の親権の問題についても、支配の手段とか（仮にそれが現実問題として多いとしても）そういう断定をするのではなくて、不安を与える振る舞いがある、そのせいでお互いの合意ができない、と構成することがよいでしょう。

その他、労働問題や、ストーカー関係事件も同じことがいえますが、加害者に加害者意識がない場合では、あちらの主観としては、突然弁護士が出てきて、突然、法的手段をとられて、今までの自由がなくなる、というものです。

もちろん、それは加害者自身の振る舞いが原因ですが、それがわかるのであれば、最初からそうした加害行為（違法労働やストーカー行為）はしていないのですから、やはり、なにもしていないのに突然に、という感想を抱きます。

もちろん、こういう認識に正当性は乏しいのですが、一方で、攻撃的な人に限って、そういう考えを持つ人が多いということは認識しておいた方がよいでしょう。

8 SNS等のインターネット上で攻撃を受けたとき

本章の最初に述べたとおり、しばしばインターネット上では弁護士は見られており、恨まれており、侮られています。

自分の言動で炎上した、攻撃を受けた場合の対応方法については、なんらかの対応をしたいところですが、基本的に対応はするべきではありません。

なぜなら、炎上に参加している人は、「こいつは間違っているから正したい」とはほとんど思っていないからです。単に、安全圏から危害を加えたい、それも、弁護士という専門職にある人間についてダメージを与えたい、可能であれば、弁護士という職業にもダメージを与えたい、と思っていることが多いからです。

ですから、どう言葉を尽くしても、ほとんど全員の攻撃者が納得することは万に一つもあり得ません。彼らは、こちらが言動を修正したり、説明したり、謝罪したりしても、それのどこかに問題があると絶対に主張します。最初に「この弁護士にダメージを与えたい」という結論があって、理由は後付けなのですから、どんな工夫をしてもこれは変わることはありません。

ですから、個別具体的に法的措置を受ける（インターネット上の言動、それも顕名の弁護士でそうなることは稀ですが）場合は、個別に対応するにとどめ、それ以外に、匿名などで質問を投げてくるとか、問い詰めてくる手合いについては、相手をする必要もなければ、相手をするべきでもありません。

自分の勤務先、取引先に攻撃が向いて、それで迷惑をかけたのであれば、その勤務先等との関係で、個別に対応をするべきです。具体的には説明と謝罪をする、ということです。

仮に、公に、なんらかの発表をするべきであれば、こちらの落ち度が客観的に明白であり、それを是正することも客観的に可能である場合だけです。

例えば、明らかに差別的な発言を使った、明らかに科学的に間違った情報を流してしまった、という場合には、「こういう理由であのような投稿をしてしまった、しかし、〇〇という理由で間違っていることがわかった、ついては、その点は修正する／削除する、誤りについてはお詫びする」という程度で謝罪と修正をすることが適切でしょう。

ここでのポイント、心得としては、炎上がこれで終わることはまずあり得ない、ということです。実は、こういう投稿は、「火消し」のためにするものではないのです。火消しの効果はほとんど期待できないところ、それでもやるのは、修正しない、黙っていることそのものが原因で炎上が広がることを防止するために尽きます。火を消すのではなくて、なにもしないことが火種になる事を阻止する、という程度の話なのです。

よほど誹謗中傷が酷いのであれば、法的措置を検討し、それを公にしてもよいかもしれません。それは、無責任な加害者に将来の責任追及を予感させ、加害行為を止める効果があります。

ですが、基本的に、この手の炎上案件には、火をつけている人の上述したような性質、つまり、理由や目的があって火をつけているのではなくて、火をつけて、仲間内で楽しむことを目的にしているという点を意識するべきです。

ですから、なにか消火をするというより、火が収まるのを待つ（特に動かない）か、火種だけを撤去しておく（説明や訂正、謝罪を１回限りで出すことで、謝罪しないことによる炎上を防ぐ）、というのが適切でしょう。

9 引き込もうとする人に注意

弁護士は、日常業務で、非常に気軽に（もちろん、法的な検討はするでしょうが）、それこそ最近はインターネットを利用して、電子内容証明郵便を送るなどしております。

しかし、弁護士代理で書面を受け取れば、一般市民は驚きますし、相当なプレッシャーになります。

また、弁護士は、数ある手段の中から、中心的で一般的な手段として訴訟を選択することが多いです。しかし、一般市民からすれば、これまた訴状を受け取る、裁判の「被告」とされることは、一生に一度あるかどうかの話であり、大変なプレッシャーとなります。

民事と刑事の区別が曖昧で、しかも、マスコミ用語で、刑事訴訟の被告人がなぜか誤って「被告」と呼ばれていることも相まって、提訴された人間の精神的な負担は相当なものです。

弁護士でも、個人的に訴えられ、懲戒請求を受けることで、非常なプレッシャーを感じて苦しむ、ということはあります。冷静な判断が難しいこともあるので、弁護士でさえ、自分の事件は他の弁護士に依頼する傾向があります。

法的手続きについて熟知し、普段からそれを仕事にしている弁護士ですらそうなのですから、一般市民の心身の負担の大きさは、容易に想像がつくものであると思います。

中には、訴えられたことをインターネット上でアピールする人もいますが、これは不安の裏返しであることも多いと思います。

このように弁護士にはある種の「攻撃力」が高い、合法的な攻撃手段としての威力があることは、市民に知れ渡っているところ、これは弁護士にとってのリスクにもなり得ます。

それは、依頼者でもなければ相談意思もない、それどころか事件の当事者でもない第三者が、インターネット上で弁護士をトラブルに巻き込もうとするというものです。

「炎上と紛争はSNSの華」という話をしましたが、インターネット上には、「個人あるいは組織が争っている、その争いはインターネット上が（も）舞台である」というケースにおいて、片方の味方をするためにインターネット上でいろいろと投稿をする、相手の支持者と喧嘩する、その喧嘩を煽る、という行為が横行しています。

私はインターネット上の表現トラブルを多数扱っていますが、意外に、この種のトラブルは多いです。話を聞いてみると、「紛争当事者とは面識がなく、なんとか、一方当事者の味方をしたいと思った、そこで、ついつい発言が過激になって、相手方当事者やその支持者から訴えられた」というものです。

自分が当事者であれば別ですが、自分が当事者ではない、利害関係も一切ないのに、こうやって法的紛争になるまで肩入れをすることは不思議に思えます。本人たちによると、なにか大きな敵と戦っている、画面の向こうにはたくさんの仲間たちがいるという連帯感や満足感があり、止められないそうです。

さて、こういうインターネット上の現象ですが、SNSに参加している弁護士は、十分用心する必要があります。自分が冷静さを失って依頼されてもいないのに戦いに不要に参加するのはもちろんですが、一方陣営に取り込まれないようにすることも大事です。

陣営への取り込みの方法ですが、インターネット上で「これってどう思います？」みたいな形式で、その紛争の当事者の行動などを引用して質問してくることがあります。

ここで、問題である／ない、などと回答すると、「ほら！　弁護士だってそう言っている！」ということで、勝手に一方陣営の弁護士扱いされてしまう、というものです。

奇妙に思えますが、私も、問い合わせや質問の体を装って、そのようなやり口で弁護士を取り込もうとされたことが何度かありました。

他人間の紛争に介入することを業務にできるのは、原則として弁護士と認定司法書士だけです。また、弁護士にも司法書士にもさまざまな規制があります。これは、紛争に介入するという行為の危険性が高いからです。

紛争のプロである以上、業務外で不用意に紛争に介入する、あるいは、巻き込もうとする動きには気をつけるべきです。

なお、こういう質問の断り方ですが、SNSでの回答はしていない、法律相談を希望ということであれば、事務所等での一般の法律相談を案内する、ということで十分です。この種のインターネット上で他人間の紛争に介入したがる多くの人は、熱心に入れ込んでいるようで、自分の時間やお金を使う段階になると、急に熱が冷めるものなのです。

10　メディアからの「護身」：浮かれてはダメ

最近は、弁護士がテレビや新聞などのマスメディアに登場し、事件等についてコメントをすることも多くなりました。

また、バラエティ番組やワイドショーに出演し、あるいはそこで取り扱うテーマ等について取材に協力し、企画テーマを考えることも珍しいことではありません。

特に、SNSやウェブサイトにおいて積極的に発信をしていると、メディアから問い合わせや取材を受けることもあります。

マスメディアから取材を受けると、ついつい、自分が認められたとか、あるいは、宣伝広告になるとか、浮かれてしまいそうですが、それで不用意な対応をしてしまうことには気をつける必要があります。

私自身も、特に独立直後は、喜んで、ともすれば、うかつな対応をしていたかもしれません。その点を踏まえて、いくつか注意点、あるいは留意をしておきたい点について、解説をしたいと思います。

(1) 本当に取材か：取材商法に注意

取材の中には、取材をしたいというが、きっかけや理由が明らかではない、名前の知れたタレントが来るということを強調する、取材内容が掲載される書籍は本屋に並んでいる、著名な雑誌と同種の書籍であるということを強調する、やたらとこちらを持ち上げる、雑誌名で検索してほしいという（逆に会社名は早口で聞き取りにくい）、というケースがあります。

詳しく話を聞いてみると、「実は、タレントさんが来る関係で協賛金ということで、10万円程度払ってほしい」ということを言われます。

一部には、「取材商法」などといわれているようで、私も特に、独立間もない頃に、そういう勧誘が多かった印象です。

もちろん、宣伝広告にお金を使うことは、悪いことではありません。しかし、純粋な取材を最初に装っておいて、実は、一種の広告であるということは最後に言うこと、社名が聞き取りにくいこと（社名で検索すると取材商法とか、たくさん出てくるせいだと思います）等、あまり誠実な印象は受けないのが現実です。

加えて、特に優れているとか、注目に値する法律事務所ということで取材を受けているが、実はお金を払った「広告」であるということになります。

これは、一種のステルスマーケティング（正確な定義はないが、一般に広告であるが、広告であることを隠して行われる広告をいいます）といわれるリスクもあります。

インターネット上では、ステルスマーケティングの評判は非常に悪く、逆効果になるリスクがあります。

また、事件の依頼を誘引することが主目的となると、日本弁護士連合会「弁護士等の業務広告に関する規程」の適用があります。

同規程の第３条２号は「誤導又は誤認のおそれのある広告」を、７号は、「弁護士等の品位又は信用を損なうおそれのある広告」を禁止しています。そうすると、このようなステルスマーケティングについては、これらに違反する可能性もあります。

特に独立直後には、こうした取材依頼がたくさん来ますので、浮かれず、注意が必要です。

また、これは価値判断の問題でもありますが、この取材商法自体は、広告の一種であって、弁護士広告規程の関係を除けば、適法なものです。

しかし、掲載されることで、「取材商法に乗っかった弁護士」という評価がされる可能性もあります。それは名誉か不名誉か、広告効果を重視するべきか、そういう判断も、自分や事務所のカラーに応じて必要でしょう。

⑵　宣伝広告効果を期待してはいけない

私は、比較的よくメディアに解説を提供し、最近は業務やコロナ禍の関係でなかなか出演できていませんが、バラエティや情報番組にも出演することがあります。

そこで、同期やクライアントが、テレビやメディアで私（筆者）を見たということで、連絡してくれることがあります。また、それだけではなくて、「こうして有名になったのだから、たくさん依頼が来ているでしょう」と言われることもあります。

ですが、いずれも、言われているほどではありません。よっぽど多数回出演すれば別でしょうが（そうすると、そもそもの依頼や問い合わせに対応する時間がなくなるような気もしますが）、まず、メディアに何回か出たくらいでは有名になりません。

弁護士は、あくまでも、情報提供の趣旨で登場するわけで、視聴者や読者の注目は、弁護士そのものではなくて、その提供する情報にあります。話している内容が記憶に残っても、誰が話したか、つまりは弁護士の名前は、ほとんどの場合は記憶に残りません。

ということで、私も、テレビや新聞の掲載を契機に問い合わせや依頼を受けたことは、数えるほどしかありません。

また、その内容も、テレビに出ているから引き受けてくれるはず（？）とか、そもそも法律で解決が難しい案件である場合が大部分です。

むしろ、FacebookやTwitter、ブログといったSNS経由の問い合わせの方が、圧倒的に多数です。

ですから、過度に期待をしてはいけませんし、広告効果があるからといって、なんでも言うことを聞いたり、迎合したりして、次項⑶以下で述べるようなトラブルに巻き込まれないようにしましょう。

過去には、広告効果への期待がどれだけ影響したかは不明ですが、テレビ番組に登場させるために、悪徳商法の被害者を用意（真実は被害者でないが代役として被害者として体験談を語らせた）して、それが原因で業務停止の懲戒処分を受けた弁護士もいました。広告効果に期待して迎合すると、思わぬ落とし穴にはまりかねません。

⑶　安易に断言をしてはいけない

メディアには、特にテレビや新聞には、「枠」というものがあります。

つまり、トピックに対する解説や解答というのは、厳しい分量制限を受けます。

ですから、メディアとしては、端的に断言をする、シンプルな回答を求めていることが通常です。これは、通常の法律相談と変わらないところです。

もっとも、法律問題というのは、与えられた情報だけから１つの結論を断定できることはあまりありません。ごくわずかな事情の記載のある法学部の試験問題ですら、内容によっては「場合分け」をして答案を作成する必要があります。

これが現実の問題であれば、なおさら、１つの結論だけを導くことは難しいです。

また、法律相談であったら、いろいろと前提を追加したり、あるいは状況を限定したりして、誤解のない回答をすることが可能です。例えば、「請求できますか」との問いに「請求できる」と回答した場合、次のような限定が生じます。

① 請求という行為（振る舞い）をすることができるが、法的に通らない可能性が高いケース

② 請求はできるし、それは裁判所にも認められるであろうが、請求の全部が認められるわけではないケース

③ 請求はできるし、全部ないし大部分について裁判所も認めるであろうが、任意の履行は期待できず、かつ強制執行すべき財産に心当たりがないケース

④ 請求はできるし、全部ないし大部分について裁判所も認めるであろうが、任意の履行も期待でき、強制執行すべき財産にも心当たりがあるケース

法律実務家としては、④まで考えることは必須ですが、結果的に①〜③の認識で受け取られてしまうケースも少なくないことをよく知っています。請求書を送るだけなら簡単（①）ですし、あるいは、特に不法行為などのケースでは、一部なら見込みあり（②）ということもあります。勝っても財産がないので取れない（③）は弁護士であればほぼ経験のあることです。

しかし、一般市民は、金額の認容の水準、特に賠償相場が低廉なこと、執行の困難性などについては、なかなか意識が及びません。

弁護士が①か②の認識で回答したら、④の前提で受け取られてしまうということは、十分あることです。

もちろん弁護士としては、適切に「限定」をして回答をすることは、これはもう習慣にもなっています。しかし、そうすると、回答が間延びしてしまいます。弁護士からの回答は、テロップ（字幕）やボードに表示されますが、そこで使える文字数や時間はわずかなものです。

なので、限定について述べる時間もスペースもない、ということになり、省略されて、断定調で報道されてしまうことはしばしばあります。

こういうことを避ける方法ですが、限定する記載も含めて全部記載してほしいということが言えれば理想です。ですが、上記のとおり、掲載スペースや時間の関係で、それは難しいということがしばしばあります。

なので、こういうケースでは、あくまで可能性の程度を示す程度にしましょう。思いっきり断言をする記載、法的に不正確でもスカッとする表現は、メディア受けが非常によいです。ですが、次項の⑸や本章11でも触れるように、それについてもちろん、関係者は責任をとってくれません。それを述べた弁護士個人の自己責任です。

断言をたまに求められることがありますが、留保する事情をしっかりと記載してもらう、それが難しいのであれば、「可能性が高い」とか、短い一言で留保をするようにしましょう。

そういう可能性の留保であれば、スムーズに受け容れられることがほとんどです。

⑷ テーマによっては、恨みを買うこともある

さて、これまで、弁護士は恨みを買うことが多々ある、それは、事件の相手方からはもちろんのこと、自分が受任していないし相手方でもないけれども、同種の事件の当事者から恨まれる、攻撃の対象とされてしまうことは、特にインターネット上では珍しくないということを解説してきました。

特に女性弁護士と名乗って家事事件、とりわけ離婚紛争を扱うなどと自己

紹介した日には、家庭を壊した張本人だということで、全く知らない大勢の人から中傷や脅迫が殺到するなどということもあります。「女性弁護士」ということで攻撃しやすく思う人が多いのかもしれません。

特に危険な分野は、自分が自由に支配できる世界が壊されたと一方当事者が勘違いしやすい分野です。家事事件、特に成年後見や離婚、親権問題が代表ですが、あらゆる分野であります。

私も、少年法について少しコメントをして新聞に掲載されたところ、「子どもだからといって、重犯罪者を特別扱いするとはふざけるな！　夜道は気をつけろよ！」と、今更フィクションの世界にも登場しないような脅し文句の電話が来たことがありました。

現実の加害行動として実行されることは稀です。ですが、こういうことがあってもなくても、本来的に弁護士は当事者から恨まれるのは避けられないところです。ですから、事務所と事務所の仲間の安全確保には留意しましょう。

恨みを買うなら取材に応じない、という判断もあり得るでしょうし、あるいは、そういうものだと最初から予期して答えるという判断もできます。どちらを選ぶかという問題だと思います。

⑸　番組制作会社等の無責任な振る舞いにも注意が必要

テレビ番組は、テレビ局だけではなくて、番組制作会社が制作している、制作に関与をしていることが多々あります。

弁護士が取材等に協力をするのは、その番組内容がためになるように、面白く、正確にするためです。また、番組制作会社もそうしたいと思っているでしょう。そういう点だけを考えると、番組制作会社と弁護士の利害は一致している、同じ目標を向いている、ということができます。

しかし、利益が相反する場面もあります。番組を面白くするためには、なるべく、法的な結論は極端な方がよい、例外を一切考えずに断定する方がよい、ということになります。

また、法解釈についても、極端な、あまり一般的なものでなくても、市民の素朴な感情に迎合するようなものが「ウケがよい」ということになります。

なので、番組制作会社は、しばしば断言、無茶でも面白い結論を求めることがあります。私も、「この会社（担当者）は、弁護士の名前と責任で、デタラメでもいいから面白いことを言わせたいだけではないか」と思ったことはしばしばあります。

例えば、これは架空の例ですが、「重罪人が黙秘権を行使するのはけしからん！　裁判の結果で有罪になったら、真相解明を妨害したということで、被害者や遺族は別に慰謝料を請求できるはずだ！」みたいな、一般市民が「スカッ！」とするようなコメントを求められたり、誘導されたりすることが多々あります。

次項の(6)でも触れますが、番組制作サイドからすれば、番組が面白くなればそれでよく、そのために、弁護士の信頼が失墜してもよい、弁護士は番組の燃料くらいに思っている人も、残念ですが、わずかにいます。

弁護士的な発想として、利益相反関係も存在するのだということ、常に、そういう誘導の可能性には気をつけましょう。

(6) 守秘義務に注意をする

取材においては、特定のシチュエーションについて、似たような事件の経験はないか、そのような事件があれば教えてほしい、と頼まれることがあります。

もちろん、弁護士には守秘義務があります。固有名詞を伏せればよいというのが原則でしょう。もっとも、判例データベースや、解説書においてはそれでよいとしても、テレビでは大勢の人が観ます。その中に事件関係者がいれば、自分のことだと思い、それが不安やトラブルにつながるかもしれません。

また、そうやって、自分の事件をいろいろと話すとなると、交渉や裁判で不利になる可能性もあります。自分の手の内を教えることになりますし、相手方からは、「守秘条項があっても、代理人弁護士がメディアで宣伝材料にするんだろ？　信用できない」ということになりかねません。そうすると、自分の依頼者に無用な損失を与えることになります。

　ということで、私は、基本的に、実在の事件をもとに話す場合でも、ある程度ぼかして改変する、また、解説に使いやすいようにいくつかの異なる事件を混ぜ合わせて、複数の解説ポイントや論点をつくるようにしています。

　この方法は、守秘義務を維持しつつ、関係者に不安を与えず、それでいてメディアにとっても複数のテーマを１つの事件で説明することができるので、弁護士とメディアの双方にメリットがある手法であるといえます。

　このあたりについては、この種の事案の提供を求められるときに、事情は説明して、「名前だけすり替えた話をすることは、すでに有名な事件とか、よっぽど特別の事情がないとできないこと、ただ、以上のような混ぜた事件とか、事実をもとにした架空の話であれば大丈夫」と説明をしておきます。

　もっとも、番組制作には複数の人間が関係します。そのあたりがきちんと伝わっていなかったり、あるいは、「本当の話ということにした方が面白い」ということなのか、あえて伝えてもらえなかったりすることがあります。

　私の場合も、そういうことで、嘘の話をされていたのか、などと言われてしまったことがありました。嘘というか、守秘義務の関係があるので、再構成しているという話は伝えていたはずですが。

　本項で繰り返し述べていますが、マスメディアとの関係においては、弁護士は、メディアとの間では、一種の利益相反関係になります。先方は、しばしば、不正確でも、弁護士の評判に傷がついてもおもしろければそれでよし、という傾向があります。しかし、弁護士はそういうわけにはいきません。これが、普通の依頼者であれば、基本的に弁護士と依頼者の利害は一致しています。依頼者のように扱うというよりも、相手方でも依頼者でもない、中間的な存在であると念頭に置くことが、距離感を間違えないコツかと思います。

⑺　安売り、無料配布を安易にしない、そして、スムーズに費用のかかることを伝える方法

SNSを見ていると、マスメディアへの不満、特に取材を受けた人から、非常に工数のかかる作業を依頼されたのに、無料で当たり前、というようなことを言われた、専門性へのリスペクトが全くない、という話をよく目にします。

取材をする記者の人達の言い分としては、「お金、つまり取材料を払うと、お金目当てで嘘を教えてくる人もいる。正確な報道をするためには、お金をとってはいけない」という趣旨のようです（詳しくは知りませんが）。

ただ、その論法でいうと、およそ全ての職業は不正確なことを言う、ということになりますし、公務員はもちろん、真っ先に記者自身が無給で働くべき、という話になってしまいますので、あまり合理性を見いだしにくい話かと思います。

さて、こういうケースですが、これまでも解説してきたように、メディアに出ることでの宣伝効果というのは限られています。ですから、広告料、投資のつもりで安易に安売り、無料提供をする、時間を費やすことには消極的であるべきです。

その時間で、既存顧客の対応を充実させたり、Twitterやブログなどの SNSで発信したりする方が、広告という観点では有効でしょう。

ただ、お金を払ってほしい、無料では嫌、ということはなかなか言い出しにくいかもしれません。そもそも、プロにその専門知識、判断を提供してもらおうという場面ですから、無料で当然、という態度で来られるのがおかしい話なのです。ですから、相手の要求がおかしいと、それへの対応も普通にできなくなるので、難しい、ということになります。

この場合の、あまり抵抗のない、簡単な対応方法としては、「わかりました。○○と△△についてのコメントですね。後ほど、見積りを送ります」という返答です。

要するに、仕事の依頼の一種であると扱い、そのうえで、通常どおり、見

積りの提案に進むということ、こちらはプロとしていつもどおりの対応をする、ということです。

これでもなお、依頼をするメディアであれば、それなりに、信用できる、真剣味があるので、こちらもきちんと応えてよいでしょう。メディア掲載は、あまり宣伝広告にならないといいましたが、こういう本気のメディアについては、それなりに効果があることもあります。

(8) 非常識な振る舞いをいちいち気にしてはならない

メディアの対応をしていると、時々、非常識な振る舞いをされることがあります。昔は、資料を借りておいて、返さない、それについて返してほしいとお願いをしたら、「返せだなんて非常識」として対応しなかったという、にわかに信じがたい話も聞いたことがあります。

もちろん、弁護士としては、大事な事件関係の物を他人に預けるなんて許されないことですし、秘密を話すこともできません。

ただ、他人の時間や労力は無料だと思っている、著しくリスペクトに欠けた対応をされることは、さほど珍しいことではありません。

私の経験上も、1～2時間の取材に対応し、必要資料を送ったのに受領の報告もない、加えて、その後に追加資料が欲しいといわれたので、再度送ったら、これまた受領の報告もないとか、そういうこともありました。

ここでのポイントですが、これはまさに、問題のある依頼者との関係を参考にする、応用するとよいでしょう。もちろん、依頼者は弁護士に報酬を払っているので、同列に扱うのは不公平かもしれません。ですが、根本は同じです。

依頼者は、紛争に巻き込まれているので、不安であり、混乱しており、正常な判断が難しいこともしばしばあります。ですから、そういう事情があるから、悪気があって、問題のある態度をとっているのではないのだな、と思えば、さほど、腹は立たないと思います。

メディアについても、特にマスメディア、新聞やテレビですと、「新聞やテレビに出られるのだから、無料でも喜んで協力してくれるだろう」みたいな態度をとられることがしばしばあります。

これは、もはや一種の病気のようなもので、依頼者が不安のあまり通常の対応ができない、ということと同じような問題だと思っています。

このように考えれば、あまり、不愉快な気持ちにならないので、精神衛生上もよく、そのうえで、冷静に対応できると思います。

COLUMN メディアで極論を言いたくなる誘惑

弁護士がテレビなどのメディアに出ると、そのことがSNSで話題になることがあります。これは、私も経験があることですが、自分の知っている弁護士がテレビに出ると、やはり気になるものです。特に、専門分野の関係で呼ばれていることが普通でしょうから、専門分野について、一般市民向けに話す、というのは、弁護士として興味関心の湧くところです。

ところで、数は少ないのですが、メディアにおいて弁護士が、法的に不正確であったり、誤導を招いたりするような表現、憲法に定められた法の支配であるとか、適正手続の保障、人権擁護の基本を無視するかのようなコメントがされることもあります。

例えば、「黙秘権はいらない」とか、「法律は民意だから、憲法より優先される」というような、法律家からすれば、極端な意見が登場することもあります。

弁護士であっても、特定の思想、意見を持つ必要があるということはありません。ですが、明白に一般的な憲法や法律の解釈とかけ離れているのに、それについて、なんらの留保をせずに（一般市民が誤解してしまう可能性のある形で）発信されてしまうことがしばしばあります。

これは、私も経験があるのですが、マスメディア、特にテレビにおける誘惑、魔力の問題だと思っています。

法律という、まだまだ日本社会において一般的になじみのないものを扱う、それでいて、実はなじみがない法律は、こんな面白いことを定めていたんだ、また、弁護士がこんな面白い（変な）ことをいうんだ、というのは、それだけでテレビ番組にとっては非常に歓心があります。

そうすると、他の出演者も面白がってくれる、ウケてくれる、ということで、それが気持ちよいと感じることがあります。何を隠そう、私も、「あくまで１つの見解ですが」と前置きしたうえで少し極端なことを言ったところ、絶賛されて気分がよくなったことがありました。

メディアに出るときは、新聞にしろ、テレビにしろ、自分が唯一の弁護士、法律専門家であるという場面がほとんどです。そういう場所では、何を言っても、相当の説得力があり、通用してしまいます。変わったことを言うと喜ばれる、それを止める人がいない、この2つの組み合わせが、弁護士がメディアで極端なことを言いたくなってしまう、止まらなくなってしまう原因なのではないでしょうか。

特に弁護士は、基本的に自分の話で喜んでもらえることは少ないです。相談に来た時点で、100％希望どおりに解決できる事件は稀です。ですから、普段、自分の話で喜んでもらえない分だけ、弁護士にとっては、不正確であってもウケのよいことを話すことへの誘惑は強烈なのだと思います。

弁護士がなにか変わったこと、法的に間違っているが多数の共感を得られそうなことを言う、あるいは、多くの非難を浴びるようなことを言う、どちらも魅力的なコンテンツです。しかし、安易にそれに乗ってしまうと、一瞬目立つこと、メディアの人に喜ばれることと引き換えに、弁護士としての信用を失うことにもなりかねません。

さて、私の経験の話をすると、メディア出演の中で、ごく一部ですが、「ああ、こういうことを言ってほしいんだな」みたいなことを感じたことがあります。

強烈な記憶として残っているエピソードがあります。

それは、バラエティ番組で、一般人を呼んでゲームに参加させて、それに成功すると大金を得ることができる、という企画でした。

しかし、呼ばれる人が、大家族、それもお金に困っている人を呼ぶ、そのうえで、弁護士が邪魔をする役をやって、大家族が知恵を絞りながら苦労をする様を楽しもうという内容でした。

私としては、こういう話をフィクションで読むのは大好きなのですが、実際に悪役で参加する気はなかったので、お断りしました。

11 メディアからの「護身」：メディアを武器にするのは特に慎重に

弁護士は、数だけではなくて、その多様性も大きく広がりつつあります。

これまで、弁護士がいなかった分野に弁護士が、あるいは、これまでいなかったタイプの弁護士が大勢誕生しており、（賛否両論あるものの）、これは法曹養成制度改革の成果であるといえるでしょう。

弁護士の大増員や、弁護士広告の自由化により、弁護士の存在、仕事、役割といったものが非常に身近になりました。そこで、テレビなどのメディアに弁護士が登場することが増えていますし、取材に対応して、法律専門家としてのコメントを出すだけではなく、自分の意見を述べることも増えています。

また、弁護士は、個別の事件を解決することが本業ですが、それを通じて、社会の改善のために努力をすることも求められています（弁護士法1条）。ですから、訴訟を通じて、社会にメッセージを発信し、改革を促すということもあります。

例えば、国家賠償請求訴訟、違憲を訴える訴訟については、提訴時に記者会見を行うことも、珍しいことではなくなっています。

こういう振る舞い、つまり、個別の事件について、記者会見をしたり、メディアでいろいろと発信したりする行為には、依頼者と弁護士、それぞれメリットがあります。

まず、依頼者のメリットというと、味方を募れる、ということです。彼らは、単に応援をしてくれるだけかもしれませんし、カンパをしてくれるかもしれません。カンパがあれば支援になることは間違いありません。また、単に応援をしてもらえるだけでも、大きな心の支えになります。通常、記者会見までやる事件では、非常に難しい事件、相手方が国家や大企業などの強力な存在であることが通常です。そういう相手方を敵に回して、難しい裁判を続けることは、依頼者にとっても、大きな負担です。その負担を和らげることができるというのは、非常に大きなメリットでしょう。
　また、依頼者個人のメリットではないのですが、その訴訟提起をみて、社会が改善に動き出すこともあり得ます。過労死の裁判であれば、関係のない企業が労働時間に気を遣うようになり、あるいは、国会等で問題視されれば、法改正の原動力につながるかもしれません。
　弁護士としても、依頼者に以上のようなメリットがあることで、事件を円滑に進めることができます。カンパなどがあれば、本来、経済的に起こせない裁判も起こすことが可能になります。難しい事件では、依頼者が諦めてしまう、力尽きてしまって裁判の追行に支障が生じる、ということがあります。ですが、大勢からの支援が得られれば、そういうリスクを抑えることができます。
　メディアや記者会見を通じて、事件について発信する行為は、本来、法的に解決するべきであるのに、それが困難な事案（上記の国家賠償など）において、法的な解決の可能性を実現する、非常に公益性のある行為ということができます。
　しかし、くれぐれも注意をしなければならない点があります。紛争を抱えているという事実、紛争の内容、特に一方当事者が主張する不利益な事実は、相手方にとって不名誉な、社会的評価を低下させる事実になるということです。
　訴訟においては、請求が認められるために必要な事実を主張･立証します。これは、とりもなおさず、相手方にとって不名誉な事実であることがほとんどです。不法行為に基づく損害賠償請求であれば、違法行為をしたという事実を主張することになります。
　私たち弁護士にとっては慣れきっていますが、相手にとって不名誉な事実、不利な事実を文書でまとめて作成して、相手にも見えるように提出する、ということは、普通の生活を送っていれば、あまりあることではありません。
　弁護士であれば、相手方の提出書面の内容が、依頼者を攻撃する内容であり、依頼者がそれについて感情的になったので頑張ってなだめた、という経験は、一度や二度ではないと思います。

民事訴訟で行う行為、相手の不法な振る舞い、義務違反の事実を主張する、ということは、弁護士にとって日常茶飯事であっても、一般市民にとっては決してそうではありません。

民事訴訟でこういう振る舞いが許容されているのは、紛争を解決するにはそれ以外に方法がないからです。公的な唯一の紛争解決手段であるから、そこにおける主張・立証は相手にとって不名誉な内容であっても、相当に許容されています。

民事訴訟が特別であるということを忘れてはいけません。

ですから、記者会見であるとか、メディアで紛争について、特に自分が担当している紛争についての発言には、相当な気を遣う必要があります。民事訴訟で述べることをそのまま述べてもよいということではないからです。

そのまま述べれば、名誉毀損ということで、責任を問われかねません。また、依頼者をそれに関与させる、例えば記者会見などの場に同席させれば、弁護士と一緒に責任を問われる立場になりかねません。仮に、弁護士と依頼者が共同で相手方に訴えられると、弁護士と依頼者との間には利益相反が生じる可能性が高くなります。どちらが記者会見についてどの程度主導し、関与したかということは、双方の責任の程度に影響をするからです。

加えて、事件本体でも不利になりかねません。公になってしまった以上、相手方も引くに引けません。ですから、口外禁止であるとか、秘密にするとか、あるいは再発防止の誓約で、双方互譲により解決する可能性を著しく下げてしまいます。

記者会見は非常に有効な手段になる可能性がある一方で、民事訴訟とは別のルールの問題になります。ですから、相手方が大企業とか国家とか、特別なケース以外では、慎重に行う、できれば差し控えるべきでしょう。

気をつけないと、自分がリスクを負担するだけではなくて、弁護士が依頼者を広告塔にした、依頼者を使い潰した、というような誹りを免れないことになります。

COLUMN 依頼者の事件の前後には人生がある

私たち弁護士は、受験生の頃から、事例問題の架空の人物も含め、たくさんの「人」を取り扱います。

これらの人々は、事件の当事者であり、関係者です。試験問題であれば、その試験問題を解くためにその行動をつぶさに分析します。実務につけば、さらにその希望や心情なども考えます。クライアントであれば、受任や受任後の事件処理についても検討するでしょう。

どんな登場人物にとっても、弁護士と関わる、法的紛争の当事者や関係者になることは、人生の一大事です。滅多にあることではありません。

これは司法修習において、あるいは実務についてからも先輩法曹からは口を酸っぱくして言われることですが、「人生の一大事を自分たちは任せられているので、その自覚を持って仕事をすることが大事」と言われます。

もちろん、私としても、そのような意見にはなんらの異議もありません。ですが、このような意見を強調しすぎてしまうと、第４章11で論じたような問題が生じかねないと思っています。

確かに、私たち弁護士に依頼者が関わる時期というのは、その人にとっては、非常に特別なことです。一生に何度もないことです。

ですが、同時に、事件の前にも後に、その人の人生があるということです。試験問題の登場人物であれば、その事件きりの話ですが、生身の人間は違います。

弁護士に依頼していることは、人生の一大事ですが、人生で唯一の事件ではない、ということも、意識する必要があります。

依頼者が気の毒である、社会的に耳目を集める、有意義な事件であればあるほど、その事件について、発信をしたくなります。最近であれば、SNSや動画投稿サイトで発信もしたくなるかもしれません。発信をすること自体は問題にないにしても、内容には気をつける必要があります。

具体的には、重要であるからこそ、センセーショナルな表現を用いたり、相手方を攻撃したりすれば、依頼者ともども法的責任を問われかねません。また、そうならなくても、依頼者にとって、その事件が自分の人生の大部分や全てになってしまう、入れ込み過ぎて、本来の人生、事件以外の自分の人生を取り戻せなくなってしまうことだってあります。

弁護士からすれば、事件が終わればそれでおしまいです。ですが、依頼者は、その事件の前には自分の人生があり、事件後も人生が続いていきます。

あまりに個別具体的な事件処理について、インターネットで発信を続けることにより、依頼者の人生を事件に占有させないように気をつけるべきではないでしょうか。法的紛争がメディアで報道され、議論される昨今、私たち弁護士には、依頼者を広告塔や事件登場人物として消費し尽くしてしまわないような謙虚さが必要ではないかと思っています。

実際に私も、「依頼・相談している弁護士から記者会見や動画サイトでの発信を執拗に迫られて困っている」という相談を受けたことがあります。依頼者からも「嫌だ」とは言いにくいことですので、くれぐれも気をつけるべきです。

COLUMN 法律事件とクラウドファンディング

裁判というのはお金がかかります。訴え手数料は微々たるものであっても、そのために弁護士に依頼する費用、また、事実の調査などが必要であれば、さらに費用がかかります。

加えて、訴える本人に多大な負担がかかることもあり、それもまたコストとして重くのしかかります。

一方で、勝訴したとしても、これらの費用を回収することは非常に困難です。

弁護士費用などの裁判費用は、一部の例外を除いて、当事者が負担します。裁判に勝ったからといって、相手方に負担をしてもらえるということはありません。

加えて、弁護士であれば常に頭を悩まされるのが賠償金の金額の低さです。慰謝料の類いは低額ですし、物損や営業損害も、あくまで証明できた範囲での填補賠償に過ぎません。

こうして裁判を断念すること自体が法の支配の観点からみれば望ましいことではありません。また、その裁判に当事者の利益を超えて公益的意味合いがある（選挙に関する裁判や、国家賠償、大企業相手の労働事件など）場合、断念することは公益にも反するともいえます。

こういう場合に活用が期待されるのは、クラウドファンディングです。

クラウドファンディングというのは、「crowd」つまり群衆と、「funding」すなわち資金調達をあわせた造語です。大勢の個人から広く浅く資金を募る行為をいいます。現在、インターネットを介して、クラウドファンディングを募集するサービスが多数あり、冒険的・実験的な製品や、文化財等の保護、果てはインディーズゲームの制作にまで活用されています。

そして、クラウドファンディングを利用して裁判費用を集めるということも広く行われています。

クラウドファンディングを用いれば、先ほどの費用の問題はほとんどクリアできます。特に公益性の高い訴訟で行えば、みんなの力を合わせて正義を実現できるということで、非常に有意義な仕組みだといえます。

もっとも、弁護士業とクラウドファンディングには、非常に微妙な問題があります。

それは、非弁提携の問題と、訴訟上の不利を招く可能性のあること、相手方に対して不法行為責任を負うリスクもあるということです。

まず、非弁提携の問題ですが、多くのクラウドファンディングのサービスにおいては、集まった金銭の一定割合を手数料として収受して、それを売上げとしています。

しかし、クラウドファンディングで集める費用というのは、弁護士報酬です。そして、弁護士職務基本規程第12条では、弁護士が弁護士報酬を弁護士以外の者と分配することを禁じています（報酬分配の制限）。

また、弁護士法第27条と弁護士職務基本規程第11条は、弁護士資格がないのに自ら弁護士業を行う者や、その疑いのある者を利用し、そういう者から事件の紹介を受ける行為を禁じています。

つまり、法律事件においてクラウドファンディングを利用する場合は、少なくとも非弁規制の関係では、事件照会や報酬の分配に該当しないように確認する必要があります。

また、念のため、そのクラウドファンディングプラットフォームの運営者が、非弁行為に近いことをしていないか、という注意を持つようです。

大抵のプラットフォームは、これは弁護士からの頻出の質問ですので、答えを用意しているはずです。確認をして、以上のようなときでも問題がないことを認識してから、参加をするべきです。

弁護士としては、具体的には、集まった金額と決済手数料の他に、金額比例で利用料がとられる場合は、報酬分配にあたります。なので、この点の算出基準には用心が必要です（弁護士職務基本規程第12条)。

また、問題は、非弁提携問題だけではありません。

クラウドファンディングを経由して事件を受任して、費用の提供を受けている場合、訴訟活動に制約が生じ、あるいは一定の責任が生じる可能性もあります。

具体的には、まず「リターン」の問題があります。クラウドファンディングにおいては、出資者に対して、一定のリターン、見返りを提供することが通常です。

これを提供する場合、裁判の進行についての情報、ということになります。内容によっては、守秘義務の問題が生じ得ます。依頼者から同意をもらっていても、相手方との関係で秘密漏示の問題が生じることがあります。

また、基本的に公益性を強調しますので、相手方の落ち度を強く主張します。そうなると、守秘条項で和解をするとか、痛み分けをする、依頼者にとって有利な和解をすることが制限されることもあります。相手方としては、「クラウドファンディングで評判が低下した。なので、口外禁止で和解をするわけにはいかない」ということで、追い詰めてしまうことになるということです。

仮に敗訴した、ということになれば、それは、クラウドファンディングの募集の場面において、虚偽を述べてお金を集めた、という誹りを受けるリスクもあります。出資者との関係で問題になるだけではなく、相手方との関係でも、デマを流されて社会的評価を低下させられた、ということになります。

記者会見のケースでも同じ問題点を指摘しましたが、この場合、依頼者と弁護士の両方が責任を問われることになります。弁護士は、もちろん敗訴当事者の代理をしたところで、それが不法行為になることはありません。それ

COLUMN

は、過去にあった弁護士が介入する前の事実の存否や評価について代理人として法的に争うだけだからです。しかし、双方で協力してクラウドファンディングを行い、そのために、情報発信をした場合、それは、弁護士が関与した事実が問題になります。

ですから、当事者として弁護士も責任を問われる、それが（元）依頼者と共同に、ということになると、責任割合の問題も生じます。当然、（元）依頼者からすれば、弁護士がクラウドファンディングを勧めてきたのでクラウドファンディングを活用し、情報発信もしたというわけですから、自分には責任がないと主張する可能性があります。逆に、弁護士はそれを否定する、あるいは、自らの関与の割合について争うことになります。そうすると、（元）依頼者と弁護士との間で利益相反になってしまう、それ以降は、弁護活動ができない、ということにもなりかねません。

敗訴後であればよいのですが、クラウドファンディングの目的とした訴訟の結果が出る前に、反訴などで、依頼者と弁護士が訴えられる可能性もあります。

そうなると、本体の訴訟においては依頼者とその弁護士として協力をしないといけない関係がありながら、別の訴訟では共同不法行為者として責任を追及され、責任割合で対立する立場になります。そうなりますと、円滑に訴訟を進めることができず、そもそも最初のクラウドファンディングという手段を使ったこと、情報発信そのものが、相手方に対する不法行為というだけではなく、自分の依頼者への善管注意義務違反、ということになりかねません。

そういうことで、法律事件に関するクラウドファンディングには、非常に大きな意義や可能性があることに間違いはないのですが、非常に高いリスク、特に、依頼者の利益を大きく損ね、そればかりか、弁護士が相手方に対する共同不法行為者になりかねないという大きな問題があります。

ついては、少なくとも、以下の要件を全て満たさない限り、クラウドファンディングによって資金を集めて法律事件を受任する行為は、極めて弁護士と依頼者双方にとってリスクがあり、あるいは相手方に不当な損害を与える可能性があると考えます。

① 国家や都道府県など、公的な団体や、大企業が相手方であること

② クラウドファンディングの情報発信において、相手方を非難しないこと

確定できる事実のみを摘示し、主張と事実を区別して争点を示すこと

③ ②を実現するために、前提事実を十分に調査したうえで、募集を始めること

④ 出資者へのリターンが、守秘義務違反や、和解の支障にならないようにすること。具体的には報告内容は秘密ではないことに限る、それらのリターンについては出資者の納得を得ておくこと。和解等により終了する可能性も案内しておくこと

⑤ 以上の各注意点、つまりは、弁護士と依頼者との間の利益相反関係の可能性について、依頼者に説明をして承諾を得ること

⑥ 出資者はもちろん、依頼者に対し、相手方への敵がい心を煽る行為は厳に慎むこと。訴訟追行に対する苦情の原因になるし、不法行為が行われるリスクも生じるからである

あとがき

これまで、依頼者、相手方、そしてメディアやSNSユーザーなどの第三者からの護身、付き合い方を解説してきました。

中には、「そこまで依頼者（相談者）を警戒するのはよくないことではないか。それでは、救える人も救えなくなるのではないか」というご意見をお持ちになる方もいると思います。

実は、私も同じ意見です。自分で書きながら、そこまで警戒する必要はあるのだろうか、性悪説に立ちすぎではないか、とも思いました。

もっとも、弁護士というのは、紛争に介入することを主な業務とする職業です。そして、このような業務の性質にかかわらず、非常に脆弱な存在でもあります。

例えば、懲戒請求はなんらの被害者でなくても簡単に無料で行えます。また、その間は、所属会の変更もできませんから、人生設計に影響を与えることもあります。

無料の紙１枚で、なんらの落ち度もないのに人生設計を壊されるかもしれない職業は、私たち弁護士くらいのものではないでしょうか。

また、懲戒関係でいえば、高葛藤な案件、いわゆる町弁の業務、破産申立代理人には厳しく、企業法務や破産管財人には寛大な傾向を感じます。これは、統計をとったわけでもなく、異論もあるでしょう。ですが、本書の執筆にあたり、話を聞いた弁護士も概ね同じ認識を持っています。

そして、町弁の業務の依頼者や、破産者の中にはいわゆる難しい依頼者、もっといえばリスクのある依頼者、事件が少なくありません。

こういう事件を１つでも受任してしまう、あるいは、受任後に依頼者との関係が悪化し、トラブルとなると、その負担は弁護士の心身に重くのしかかります。

この負担が業務全体のパフォーマンスや、事務所経営についてまで及べば、自分だけではなくて自分の家族、そして事務所の仲間、さらには他の依頼者の不利益になります。本書でも指摘しましたが、弁護士が自分を守ることは、仲間と依頼者を守ることにもつながる、大事なことです。

目の前の依頼者を助けたいという気持ちはとても大事です。しかし、それは、極論すれば、その依頼者と弁護士だけの問題です。ですが、トラブルで損失を被るのは、家族、事務所の仲間、そして多数の他の依頼者です。

これを踏まえて、本書を手に取った弁護士が１人でも、トラブルを回避し、安心できる、豊かな弁護士生活を送ることができるようになれば、私としては、それに勝る喜びはありません。また、将来的には、本書のコラム「現行懲戒制度の問題と提言」でも触れましたが、弁護士倫理や懲戒の問題を整理し、助けを求める依頼者に手を差し伸べやすい、弁護士がもっと安心して執務できる環境の整備に向けた議論がなされることも期待しているところです。

最後になりましたが、本書の執筆にあたっては、私の他の著作と同様、第一法規株式会社の皆様には大変お世話になりました。特に、編集部の小林千紘様には、私の都合で執筆が遅れたときも、粘り強くスケジュール調整等に尽力していただきました。この場を借りて、厚く御礼申し上げます。

令和５年８月

深澤　諭史（弁護士）

著者プロフィール

深澤　諭史（ふかざわ・さとし）

昭和58年山梨県甲府市生まれ。平成18年明治大学法学部卒業、平成21年東京大学法科大学院修了。平成22年司法修習修了、同年弁護士登録（第二東京弁護士会）。平成25年、服部啓法律事務所に参画。現在、第二東京弁護士会非弁護士取締委員会副委員長、同会弁護士業務センター副委員長等。インターネットや弁護士法に関する法律問題の他、刑事事件などを主に取り扱う。弁護士会では、非弁問題や弁護士広告問題に取り組んでいる。

著書に『そのつぶやきは犯罪です（共著、新潮社、2014年）』『Q&A 弁護士業務広告の落とし穴（第一法規、2018年）』『インターネット権利侵害 削除請求・発信者情報開示請求“後”の法的対応Q＆A（第一法規、2020年）』『改訂版　これって非弁提携？弁護士のための非弁対策Q&A（第一法規、2020年）』『まんが　弁護士が教えるウソを見抜く方法（宝島社、2020年）』など。

サービス・インフォメーション

通話無料

①商品に関するご照会・お申込みのご依頼
TEL 0120(203)694／FAX 0120(302)640
②ご住所・ご名義等各種変更のご連絡
TEL 0120(203)696／FAX 0120(202)974
③請求・お支払いに関するご照会・ご要望
TEL 0120(203)695／FAX 0120(202)973

●フリーダイヤル(TEL)の受付時間は、土・日・祝日を除く9:00～17:30です。
●FAXは24時間受け付けておりますので、あわせてご利用ください。

弁護士の護身術
～ 人的トラブルに巻き込まれないための心得 ～

2023年9月30日　初版発行
2023年12月15日　初版第2刷発行

著　　者　深　澤　諭　史
発 行 者　田　中　英　弥
発 行 所　第一法規株式会社
〒107-8560　東京都港区南青山2-11-17
ホームページ　https://www.daiichihoki.co.jp/
装　　丁　篠　隆二
印刷・製本　株式会社光邦

弁護士護身術　ISBN978-4-474-07626-6　C2032 (5)